¿Cuál es tu CI Emocional?

Más de 600 pruebas psicológicas

¿Cuál es tu CI Emocional?

Más de 600 pruebas psicológicas

Determina tus puntos débiles y tus puntos fuertes
en lo que concierne a tus emociones y sentimientos,
y desarrolla una personalidad más plena

Aparna Chattopadhyay

Grupo Editorial Tomo, S. A. de C. V.
Nicolás San Juan 1043
03100 México, D. F.

1a. edición, septiembre 2010.

© 2010, Grupo Editorial Tomo, S.A. de C.V.
Nicolás San Juan 1043, Col. Del Valle. 03100, México, D.F.
Tels. 5575-6615 • 5575-8701 y 5575-0186
Fax. 5575-6695
http://www.grupotomo.com.mx
ISBN-13: 978-607-415-216-6
Miembro de la Cámara Nacional
de la Industria Editorial No. 2961

Traducción: Graciela Frisbie
Diseño de portada: Karla Silva
Formación tipográfica: Tato Garibay
Supervisor de producción: Leonardo Figueroa

Impreso en México - *Printed in Mexico*

Dedicado a

Quienes desean construir
un mundo nuevo en su interior...

Reconocimientos

- Al Poder Divino que me puso en este trayecto psicológico y transformó en realidad mi visión de este libro.
- A Rimjhim, mi hija menor, por sus simpáticas sugerencias y su incansable ayuda al procesar estos cuestionarios en la computadora.
- Transformar mi columna en el periódico *The Hindustan Times* en un libro fue un proceso fascinante. Debo expresar una gratitud especial a todos mis lectores por su constructiva retroalimentación que fue un hito significativo en este camino de conciencia personal.

Contenido

Nota de la autora

> En comparación con lo que deberíamos ser,
> sólo estamos medio despiertos.
> Sólo estamos utilizando una mínima parte
> de nuestros recursos físicos y mentales.
> El individuo humano posee poderes
> de diversas clases que habitualmente no usa.
>
> ***William James*, psicólogo del siglo XIX**

Nuestro mundo mental es más extraño de lo que suponemos. Algunos de los momentos más ricos de nuestra vida brotan de estar conscientes de nuestro yo oculto, de nuestras inmensas capacidades y de nuestro gran potencial, realidades que antes desconocíamos. Muchos nos pasamos la vida sin rumbo, sin llegar a ninguna parte, hundidos en la desilusión y en la frustración. Eso sucede porque no sabemos mucho sobre nosotros mismos. Tampoco sabemos cómo enfrentar los problemas que se crean en nuestro entorno. El concepto que tenemos de nosotros mismos incluye todas las proporciones de "yo" y de "mí", junto con los sentimientos, creencias y valores relacionados con ellos. Aunque el concepto de uno mismo en sí no *hace* nada, ejerce una enorme influencia en la forma en que pensamos y actuamos en general. De hecho, nuestro concepto general de nosotros mismos tiende a ser un grupo organizado de muchas individualidades. Esto ayuda a explicar por qué no siempre actuamos en forma coherente. Es una práctica común identificar nuestra *imagen corporal* (la forma en que percibimos nuestro cuerpo y la forma en que nos sentimos con respecto a él), nuestra *imagen de nosotros mismos* (el yo que vemos que somos), nuestro *yo ideal* (el yo que querríamos ser) y nuestro *yo social* (cómo creemos que nos ven otros). Nuestra *autoestima* (la evaluación presente de nosotros mismos y los sentimientos resultantes de valía que se relacionan con el concepto que tenemos de nosotros mismos) también fortalece nuestra tendencia a ver y a actuar en forma coherente.

La conciencia de nosotros mismos y el entrenamiento mental pueden ayudarnos a creer en nosotros mismos, incluso cuando estamos bajo presiones severas, y hace posible que logremos milagros en nuestra vida. En esa forma podemos superar nuestros bloqueos mentales y nuestras dudas, y tener acceso a nuestra reserva interna de energía para controlar nuestras acciones y nuestro entorno sin un esfuerzo consciente y deliberado.

El enorme impacto que esto tiene sobre nuestro destino difícilmente podría exagerarse. Investigaciones recientes en el campo de la psicología muestran que el Cociente Emocional de un individuo contribuye en forma mucho más vibrante a su productividad y éxito que el coeficiente intelectual, que ha sido el tema de innumerables estudios. Daniel Goleman, autor del innovador libro **Inteligencia emocional,** bestseller del *New York Times,* afirma: "¿Qué factores intervienen cuando las personas que tienen un coeficiente intelectual alto se muestran confusas y las que tienen un coeficiente intelectual modesto logran éxitos sorprendentes? Yo argumentaría que la diferencia muy a menudo está en las habilidades que se conocen como *inteligencia emocional,* y que incluyen el control de uno mismo, el celo, la persistencia y la capacidad de automotivarse. Estas destrezas pueden enseñarse a los niños, y así darles una mejor oportunidad de utilizar el potencial intelectual que la lotería genética pudo haberles otorgado".

Y añade: "Vivimos una época en que la estructura de la

sociedad parece desentrañarse a mayor velocidad, una época en que el egoísmo, la violencia y un espíritu de crueldad parecen estar corrompiendo la bondad de nuestra vida en común. Existen evidencias crecientes de que las posturas éticas fundamentales de la vida brotan de capacidades emocionales subyacentes. En primer lugar, el impulso es el medio en que germina la emoción; la semilla de todo impulso es una sensación que explota para expresarse en acción. Quienes están a merced de este impulso, quienes carecen de control de sí mismos, padecen de insuficiencia moral. La capacidad de controlar impulsos es la base de la voluntad y el carácter. Al mismo tiempo, la raíz del altruismo está en la empatía, la capacidad de interpretar las emociones de otros. Si existen dos posturas que se requieren en nuestro tiempo, son precisamente estas: el control de uno mismo y la compasión".

Esta colección de 600 cuestionarios tiene el propósito de ayudarte a ver con claridad tus tendencias emocionales y hacer que avances con facilidad en el laberinto de tu propio mundo mental. Intentan conectarte a un mundo de posibilidades psicológicas. Te permiten prepararte y practicar tu respuesta a tus problemas físicos y psicológicos, de modo que si estos problemas llegan a presentarse, tú puedas responder a ellos en forma competente y confiada. Una comprensión de la interacción de las estructuras cerebrales que rigen nuestros momentos de furia y temor, o de pasión y gozo, revela mucho sobre la forma en que hemos aprendido nuestros hábitos emocionales. Pero lo más importante es que los datos neurológicos representan una ventana de oportunidades para formar los hábitos emocionales de nuestros niños.

El increíble poder de tu autoimagen tiene un impacto increíble en tu destino. Estos cuestionarios hacen posible que inicies un viaje de descubrimiento y mejoramiento personal, elementos que tanto se necesitan en esta época, pues el escenario actual de vertiginosos cambios tecnológicos y sociales ha intensificado como nunca antes el reto de dirigir nuestra propia vida.

Además, la necesidad de aprender más sobre nosotros mismos

y sobre nuestro mundo, como medio para dirigir nuestra vida con mayor efectividad es especialmente vital en una sociedad democrática como la nuestra, donde disfrutamos de mayor libertad personal y nos enorgullecemos más de nuestros logros que las personas que viven en sociedades más tradicionales. Por esta precisa razón, tendemos a ser más vulnerables a la inseguridad psicológica, a la confusión y a la soledad.

Por lo tanto, si la mente humana sigue siendo el acertijo sutil de la vida, te conviene desentrañar algunos de tus misterios mentales con la ayuda de estos cuestionarios que proporcionan pasos prácticos que puedes aplicar de inmediato y que actuarán como un punto de referencia al que regresarás una y otra vez.

Aparna Chattopdhyay

1. Determina tu tipo de personalidad

Cada uno de nosotros nace con un yo exclusivo, la esencia de nuestra supervivencia, el ser que a menudo dice de muchas formas: "Yo, yo. Yo quiero. Yo necesito afecto, afirmación, aprobación, poder, reconocimiento, seguridad, logros". La lista es larga. Cada uno de nosotros tiene un conjunto de motivaciones y necesidades dominantes que dan forma a su personalidad y a su comportamiento, en base a lo que nos interesa más, y en lo que parece ser la mejor forma de alcanzar la gratificación de nuestros deseos internos.

El siguiente grupo de afirmaciones expresa ciertos tipos de personalidad. Marca la respuesta "sí" o "no" a cada pregunta en cada grupo y trata de determinar tu tipo de personalidad.

Grupo A

P. 1. ¿Te gustan las situaciones que te proporcionan la oportunidad de tomar responsabilidad personal por encontrar soluciones a los problemas? (Sí/No)

P. 2. ¿Prefieres establecer para tus logros metas moderadas que puedan lograrse con trabajo arduo y capacidad? (Sí/No)

P 3. ¿Prefieres correr riesgos calculados y trabajar en el resultado de un trabajo desafiante? (Sí/No)

P. 4. ¿A menudo buscas una retroalimentación concreta sobre lo bien que hiciste un trabajo? (Sí/No)

P. 5. ¿A menudo consideras que un trabajo desafiante en sí es suficiente motivación para ti? (Sí/No)

P. 6. ¿La motivación de metas hace que seas un empresario triunfador clásico? (Sí/No)

P. 7. ¿Te gusta leer libros relacionados con la forma de lograr algo? (Sí/No)

Grupo B

P. 8. ¿A menudo necesitas que otros confirmen tus propias creencias? (Sí/No)

P. 9. ¿Prefieres ser parte de un grupo en lugar de trabajar solo? (Sí/No)

P. 10. ¿Te esfuerzas mucho para agradar a otros? (Sí/No)

P. 11. ¿A menudo prefieres la conciliación al desagrado o al conflicto y tratas de encontrar formas de tranquilizar las cosas? (Sí/No)

P. 12. ¿Cooperas con otros y les ayudas con el deseo de que, en respuesta, sientan agrado por ti? (Sí/No)

P. 13. ¿Buscas los libros más populares sobre "cómo hacer las cosas" con el objeto de llegar a ser aceptado por quienes tienen el punto de vista vigente en la actualidad? (Sí/No)

P. 14. ¿Te sientes más libre al quejarte exactamente de lo que está mal en un extraño (por ejemplo un pasajero que viaja contigo) que al quejarte de las personas con quienes vives o trabajas? (Sí/No)

Grupo C

P. 15. ¿Es tu objetivo principal obtener y ejercer el poder y la autoridad? (Sí/No)

P. 16. ¿Buscas posiciones en las que seas la máxima autoridad y en las que puedas causar un impacto visible muy personal? (Sí/No)

P. 17. ¿A menudo lo que más te interesa es causar un impacto y tener influencia sobre las personas? (Sí/No)

P. 18. ¿A menudo adoptas una "actitud de no me interesa en absoluto" hacia tus críticos y sientes que sabes muy bien quien eres y qué deseas? (Sí/No)

P. 19. ¿A menudo logras entender las razones fundamentales que tienes y fomentarlas con tu poder? (Sí/No)

P. 20. ¿A menudo prefieres leer biografías históricas de líderes fuertes, exitosos y carismáticos? (Sí/No)

Interpretación

Identifica tu grupo contando y sumando tus respuestas afirmativas en cada grupo por separado. Si encuentras que identificas y anotas cifras máximas en:

El Grupo A: El triunfador

Eres un triunfador cuya canción lema es "Asciende cada montaña". Como eres una persona con motivación interna y altos estándares y metas de excelencia, tu impulso más fuerte está en los logros.

Grupo B: Necesito a la gente

Lo que más te interesa son tus relaciones con otros y la manera en que ellos te tratan. Esta es una prioridad tan alta para ti que ejerce influencia en todas las elecciones que haces en relación con tus pautas de conducta.

Grupo C. El maquiavélico

Perteneces a la categoría de quienes desean obtener y ejercer el poder y la autoridad, y desean causar un impacto visible en otros. Lo que más te interesa es influir en otros para hacer que algo funcione. No pareces preocuparte mucho por los críticos y te muestras sólido en tus movimientos.

2. ¿Cuál es tu coeficiente emocional?

Los psicólogos están de acuerdo en que el coeficiente intelectual sólo contribuye aproximadamente un 20 por ciento a los factores que determinan el éxito. Un 80 por ciento viene de otros factores: *de lo que se conoce como inteligencia emocional.* Mientras te ocupas de construir ante otros una imagen mediante tus altos niveles de coeficiente intelectual y tus loables títulos académicos, ¿cuántas veces observas detenidamente tu coeficiente emocional? **Estas son algunas preguntas con las que podría interesarte estar familiarizado y que se relacionan con tu estado emocional a este respecto:**

P. 1. ¿Conoces tus "indicadores somáticos" o instintos viscerales, como por ejemplo, el estar consciente de tu irritabilidad, tu ansiedad o tu inseguridad en relación con ciertas cosas en la vida? (Sí/No)

P. 2. En lo que concierne al manejo de estados de ánimo, por lo general…

a) ¿Tienes poco control sobre tu estado de ánimo cuando te domina la emoción y tu estado de ánimo persiste durante un largo periodo? (Sí/No)

b) ¿Prefieres "refrenar" una situación desagradable reinterpretándola constantemente a una luz más positiva para así descartar un mal estado de ánimo? (Sí/No)

P. 3. ¿El lado más brillante de las cosas te atrae más y tiendes a sentirte optimista acerca de la vida en general? (Sí/No)

P. 4. ¿A menudo percibes metas claras en la vida con una actitud de que "podrás lograrlas"? (Sí/No)

P. 5. En una situación de fracaso…

a) ¿Te atribuyes el fracaso diciendo: "Soy un fracaso; nunca llegaré a la cima"? (Sí/No)

b) ¿Culpas del fracaso a la situación, no a ti mismo, y con optimismo te sientes motivado a intentarlo de nuevo? (Sí/No)

P. 6. ¿Por lo general tienes el impulso de controlarte y disciplinarte con el fin de vencer una tentación inmediata, recordando tu apreciada meta a largo plazo? (Sí/No)

P. 7. ¿Normalmente eres capaz de discernir los sentimientos y emociones de otros, y sentir empatía hacia ellos? (Sí/No)

P. 8. ¿Por lo general vives y juegas, lloras y amas, tomando un día a la vez? (Sí/No)

P.9. ¿Usualmente te adaptas con facilidad a situaciones de estrés, manteniendo alto tu cociente de tolerancia a la presión? (Sí/No)

P. 10. ¿Casi siempre dedicas algo de tiempo a la relajación todos los días para liberarte de los problemas prácticos del vivir? (Sí/No)

P. 11. ¿Te aceptas como eres, con tus puntos fuertes y tus puntos débiles? (Sí/No)

P. 12. ¿Tiendes a vivir cada día como si fuera el último y te desprendes de las irritaciones menores que normalmente te acosan? (Sí/No)

Respuestas correctas

Sí: 1, 2b, 3, 4, 5b, 6, 7, 8, 9, 10, 11 y 12. Anota una marca por cada respuesta correcta.

Interpretación

Puntuación 9-12: Inteligencia emocional excelente, indica cualidades vibrantes de conciencia personal, manejo del estado de ánimo, motivación personal y un impulso por controlar la sensibilidad hacia las personas.

Puntuación 5-8: Estabilidad emocional equilibrada.

Puntuación 1-4: Coeficiente Emocional atrofiada. Bloqueos y fijaciones mentales.

3. ¿Puedes acabar con tu melancolía?

Se calcula que al menos del 20 al 30 por ciento de la población adulta experimenta un caso de depresión severa al menos una vez en su vida. El insomnio, la falta de concentración y la fatiga, e incluso la parálisis emocional y pensamientos suicidas son síntomas de depresión, un mal que desde hace mucho tiempo se ha considerado una enfermedad de la edad madura o la vejez. Por extraño que parezca, los médicos están ahora informando de un alarmante incremento de casos entre la juventud de la era moderna.

La depresión abarca todo, desde los periodos usuales de melancolía que todos experimentamos hasta el tipo de depresión clínica más crítica que requiere tratamiento psiquiátrico.

A continuación se presentan algunas preguntas que reflejan la eficiencia y destreza de tu mecanismo para arreglártelas y lograr que se desvanezca la melancolía. Verifica si cuando estás a punto de sufrir una depresión haces lo siguiente:

P. 1. ¿Haces algo constructivo como ejercicio, una larga caminata o una excursión? (Sí/No)

P. 2. ¿Trabajas como voluntario(a), das servicios a la comunidad o tienes actitudes de buen vecino como ir de compras para un anciano inválido? (Sí/No)

P. 3. ¿Te concentras en interacciones sociales, en especial reuniones con amistades, proyectos que hacen que te sientas competente, como adquirir una nueva habilidad, y actividades placenteras como salir a comer o ir al cine? (Sí/No)

P. 4. ¿Tratas de sonreír y reajustar tus emociones mediante pautas de conducta deliberadas como caminar con energía, sentarte derecho y adoptar una postura que refleja buen ánimo? (Sí/No)

P. 5. ¿Tratas de alegrar tus días decorando e iluminando los lugares donde estás, cuando te enfrentas al trastorno afectivo estacional que produce una depresión relacionada con la luz en la que el estado de ánimo baja durante los oscuros meses del invierno? (Sí/No)

P. 6. ¿Crees en la frase de los psiquiatras según la cual "la decisión de ayudarte a ti mismo es la clave para sentirte mejor"? (Sí/No)

P. 7. ¿Te preguntas: "Por qué me siento deprimido(a)", y sientes la necesidad de estar contigo mismo y pensar en tu vida? (Sí/No)

P. 8. ¿Te preguntas: "Qué estoy buscando, dinero, paz, felicidad, armonía"? (Sí/No)

P. 9. ¿Reorganizas tu vida y defines tus prioridades averiguando si algunas de las cosas que haces valen o no la pena? (Sí/No)

P. 10. ¿Administras tu tiempo, sin importar lo abrumado(a) que estés, y encuentras tiempo para alguna actividad creativa o recreativa en tu rutina diaria? (Sí/No)

P. 11. ¿Crees firmemente en la meditación y la practicas a través de la oración y el culto a Dios? (Sí/No)

Asigna una marca para cada respuesta **afirmativa** a las preguntas anteriores.

Interpretación

Nueve o más respuestas afirmativas: Tienes un mecanismo sano y para vencer con la depresión. Eres adaptable, creativo(a) e inteligente. No es probable que sufras este mal con frecuencia, pues dominas el arte de enfrentarlo con éxito.

De 5 a 8 respuestas afirmativas: No eres hábil en cuanto a manejar la depresión y tiendes a ser temperamental, pesimista y neurótico.

Debes cambiar tus pautas de pensamiento en una dirección más positiva y desarrollar pasatiempos creativos que te absorban.

4 o menos respuestas afirmativas: Tienes un caso grave de psique inadaptado. Aparentemente, el pesimismo te domina, paraliza tu fuerza de voluntad y tu confianza. Debes recibir psicoterapia y verificar estas tendencias negativas a la mayor brevedad.

4. El análisis de tu escritura

"La escritura consciente es un dibujo inconsciente", afirma Max Pulver, un eminente psicólogo y grafólogo suizo. El individuo traza su propio retrato con su escritura, que es un reflejo de sus tendencias natas. El ser emocional puede analizarse con exactitud a través del análisis de la escritura de la persona. A menudo se ha descubierto que la escritura de los psicópatas refleja tendencias criminales. De manera similar, el tratamiento de trastornos de la personalidad y del carácter mediante cambios deliberados en la escritura, ha abierto nuevos horizontes para la investigación en este campo. El desarrollo más reciente en el área de patología fue que el famoso grafólogo Alfred Kanfer pudo detectar el tan temido cáncer a partir de la escritura en más del 80 por ciento de los pacientes. Sus treinta años de investigación en este campo en Viena y en Nueva York le valieron aclamaciones y apoyo por parte del Instituto de Escritura de Nueva York. Las profundas investigaciones en este campo, llevadas a cabo por el filósofo francés Herni Bergson y por eminentes científicos y psicólogos como los doctores Pierra Lanet, Max Pulver, C. G. Leeng, Ludwig Klages, W. Heger y muchos otros, hicieron posible que surgieran impulsos inconscientes humanos, profundamente reprimidos, mediante el estudio de la escritura. Las investigaciones muestran, por ejemplo, que la inclinación de la escritura indica el grado de expresión o represión, la dirección de la línea base define el estado de ánimo, mientras que la velocidad determina el ritmo de la actividad física y mental.

En las siguientes preguntas, marca las alternativas apropiadas y descubre las complejidades características de tu sutil ser emocional.

P. 1. El tamaño de tus letras es:

a) ¿Muy grande?

b) ¿Mediano?

c) ¿Chico?

P. 2. ¿Tus letras forman arcadas? Es decir: ¿la porción superior de las letras es curva y parece un arco? a) Sí b) No

P. 3. Tus márgenes son:

a) ¿Del mismo tamaño en ambos lados y bien proporcionados al tamaño del papel?

b) ¿Un margen amplio a la izquierda que no es proporcionado con el tamaño del papel?

c) ¿Margen derecho amplio?

P. 4. La presión de tu escritura es:

a) ¿Pesada?

b) ¿Ligera?

c) ¿Pareja?

d) ¿Dispareja?

P. 5. Al cruzar la "t" haces la barra:

a) ¿Con presión normal y con espacios del mismo tamaño a ambos lados de la "T"?

b) ¿Con presión ligera y débil?

c) ¿Excesivamente larga?

d) ¿Excesivamente corta?

e) ¿Muy alta en el trazo vertical de la "T"?

f) ¿Colocada a la derecha del trazo vertical?

P. 6. Los puntos de la "I":

a) ¿Son redondos, colocados directamente sobre la letra y firmemente acentuados?

b) ¿Los omites por completo?

c) ¿De aspecto lodoso como si fueran manchas de tinta?

d) ¿Muy leves?

e) ¿Colocados después de la letra?

P. 7. La inclinación de tu escritura es:

a) ¿Reclinada hacia atrás?

b) ¿Vertical (recta)?

c) ¿Inclinada hacia delante?

P. 8. Tus palabras…

a) ¿Están bien espaciadas?

b) ¿Mal espaciadas?

c) ¿Ampliamente espaciadas?

P. 9. Las curvas superiores y las extensiones de tus letras son:

a) ¿Altas?

b) ¿Cortas?

c) ¿Infladas?

P. 10. El tamaño de tus mayúsculas es:

a) ¿Grande (más del doble del largo de las minúsculas?

b) ¿Pequeño y angosto?

c) ¿Las mayúsculas son ligeramente más altas que las minúsculas?

d) ¿Las mayúsculas no son más altas que las minúsculas?

Interpretación

P. 1. a) Significa orgullo excesivo, vitalidad, una persona activa físicamente y extrovertida.

b) Una persona moderada, reservada, razonable, prudente y pulcra.

c) Inhibición, miedo, indecisión, mentalidad anormal.

P. 2. a) Significa un deseo de atraer la atención y causar un efecto mediante el talento creativo; personalidad amigable, agradable y sociable.

b) Personalidad prosaica y poco artística.

P. 3. a) Significa sentido de armonía y proporción, buen gusto, orden, aplomo, equilibrio y cuidado.

b) Persona reservada debido a la timidez, al snobismo o el orgullo.

c) Actitud distante, búsqueda de lo grandioso, falta de moderación, extravagancia, desperdicio, actitud muy exigente.

P. 4. a) Significa fuerza física, actividad, vitalidad, actitud resuelta, seguridad personal, materialismo, agresividad, resistencia, sensualidad.

b) Energía moderada o débil, baja vitalidad, quizá presión sanguínea baja, refinamiento, dulzura, sensibilidad, sumisión.

c) Estabilidad emocional, calma, actitud razonable, claridad, cuidado, adaptabilidad. Cuando es firme y pareja, muestra ambición, perseverancia y autodisciplina.

d) Inestabilidad, indecisión, fuerza de voluntad desigual, de temperamento cambiante, impaciencia, nerviosismo e inclinación a las preocupaciones.

P. 5. a) Equilibrio perfecto, calma, cuidado y un control completo del pensamiento y la acción.

b) Falta de resolución, timidez, debilidad moral, abatimiento.

c) Entusiasmo, persistencia.

d) Timidez.

e) Imaginación poco usual.

f) Impulsividad, actitud directa, falta de tacto.

P. 6. a) Empatía en todos sentidos.

b) Desatento, distraído.

c) Materialismo, sensualidad

d) Algo frágil, persona de tipo agradable que nunca trata de imponer sus opiniones a otros.

e) Mente rápida que mira hacia el futuro.

P. 7. a) Persona introvertida. Tiene un exterior frío que refleja sentimientos inhibidos, demasiado reservado, indeciso, no es directo y a veces es polémico.

b) El cerebro rige al corazón, autocontrol total, poco expresivo, independiente, desprendido, indiferente y cauteloso.

c) Persona ardiente, afectuosa, amigable, muy sensible y de naturaleza emocional.

P. 8. a) Equilibrio y claridad mental, buen sentido de la proporción y de los valores, la cultura, el orden, el cuidado, la autodisciplina y una actitud razonable.

b) Mal gusto, descuido, falta de orden, método y disciplina

c) Generosidad, valentía, independencia. Si están ampliamente espaciadas, extravagancia, amor a los lujos, afecto, audacia.

P. 9. a) Gran actividad intelectual, idealismo, aspiraciones, ambición espiritualidad.

b) Moderación, poca visión o imaginación, actitud realista, punto de vista práctico.

c) Exageración, egotismo, presunción, vanidad.

P. 10. a) Orgullo, vanidad, autoestima, engreimiento, arrogancia, afectación, independencia.

b) Timidez y falta de confianza en sí mismo.

c) Humildad, obediencia, sumisión.

5. ¿Es la ira tu peor enemigo?

La mayoría de las personas conocen estas frases: "La beatitud de Dios está cerca de los seres austeros que están libres de los deseos y de la ira, y de quienes han dominado su mente y se han realizado" (Gita C V-26). Y sin embargo, cuando dedicamos tiempo a una evaluación de nosotros mismos, nos detenemos a pensar cuántas veces hemos sido víctimas de este horrible mal llamado ira. Su influencia negativa sobre la psique humana causa innumerables enfermedades psicosomáticas. Una de ellas son los ataques cardiacos.

Estas son algunas preguntas que te ayudarán a saber en qué medida puedes entender, manejar y controlar tu ira.

P. 1. Si el autobús en que viajas se queda parado demasiado tiempo en ciertos lugares...

a) ¿Es fácil que sientas irritación?

b) ¿Tratas de racionalizar la posible razón por ti mismo(a)?

c) ¿Te concentras en leer un libro?

P. 2. En medio de tu pesado horario de la mañana, cuando te estás bañando, alguien toca el timbre una y otra vez. En ocasiones como esa…

a) ¿Te enfureces y te preocupas por la molestia?

b) ¿Tratas de ir a abrir la puerta tan pronto como sea posible?

c) ¿Ignoras el timbre de la puerta y terminas de bañarte cómodamente?

P. 3. Cuando alguien que conduce otro coche se te atraviesa en la carretera…

a) ¿Piensas "¡Imbécil! ¡Pudo haberme golpeado! No puedo dejar que se salga con la suya!.

b) Podrías decirte a ti mismo(a): "Tal vez tenía una emergencia" y le adviertes amablemente que debe tener más cuidado.

c) ¿No le das importancia al incidente?

P. 4. Si tu hermana pierde tu libro favorito…

a) ¿Das rienda suelta a tu enojo y la lastimas con lenguaje agresivo?

b) ¿Tratas de descubrir la razón con paciencia?

c) ¿Recuerdas que es humano cometer errores y te concentras en tu pasatiempo favorito?

P. 5. Esperas con ansia una importante llamada telefónica. De pronto suena el teléfono pero es una llamada equivocada. ¿Qué haces?

a) ¿Te disgustas y agredes con arrogancia a la persona que llamó, colgando el teléfono en forma violenta?

b) ¿Le explicas a la persona con paciencia que marcó el número equivocado?

c) ¿Cuelgas el teléfono sin alterarte y sin decir palabra?

P. 6. Si un amigo te traicionara cuando menos lo esperas, ¿qué harías?

a) ¿Lo pones en ridículo gritándole y humillándolo en público?

b) ¿Aceptas el hecho con tranquilidad y paciencia, y perdonas a tu amigo?

c) ¿Tomas todo el episodio con indiferencia?

P. 7. Cuando estás viendo tu serie de televisión favorita, hay un apagón repentino. ¿Qué haces?

a) ¿Maldices e insultas a la Compañía de Servicio Eléctrico con cinismo, sintiéndote muy ofendido y de mal humor?

b) ¿Llamas por teléfono a la Compañía de Servicio Eléctrico para pedir información sobre el apagón?

c) ¿Sales de la casa y disfrutas de una caminata?

P. 8. El vestido multicolor que compraste recientemente resulta ser una desilusión, ya que el color se corre en la primera lavada. ¿Qué haces?

a) ¿Vas con la vendedora y la acusas de robarte?

b) ¿Informas a la vendedora del problema y le exiges que te cambie el vestido?

c) ¿Te olvidas del asunto y le regalas el vestido a la sirvienta?

Interpretación

Quizá en tus respuestas a las preguntas anteriores hayas marcado la misma letra, a, b, o c, en varias ocasiones. Si marcaste la misma letra ocho veces, el tipo de temperamento que tienes es muy definido. Si marcaste la misma letra seis veces, es evidente que existe una característica definida. Si tus respuestas son variables, lee el análisis.

El tipo A: Eres cínico, desconfiado e impaciente. Tiendes a perder el control y podrías tender a la violencia y a la agresión. Tal vez seas demasiado dominante, posesivo, directo e irascible. Debes racionalizar los sucesos y ser más realista ante los defectos de otros. Sé más receptivo ante los puntos de vista de los demás.

El tipo B: Si seleccionaste seis o más respuestas B, eso indica que eres cortés, pero de personalidad firme. Sabes cómo conservar tu postura y cómo manejar tu emoción humana básica: el enojo. Tienes un buen control de tus emociones. Eres considerado pero no permites que otros se aprovechen de ti.

El tipo C: Mientras que el Tipo A es impulsivo y temperamental, tú eres más relajado y tranquilo. Al parecer, no te afecta tener cierto grado de letargo en tu vida. La gente no toma en serio a este tipo de personas. No permitas que los demás den por hecho que siempre serás amable. Te conviene dejar de ser demasiado considerado. Abandona tu actitud liberal y amigable, y aprende a insistir en tu posición cuando sea necesario.

El tipo A-B-C: Una selección diversa de respuestas es interesante. Refleja que podrías ser una mezcla de arrogancia, equidad, sensibilidad y apatía en diferentes situaciones. La gente tiende a aceptarte porque nunca pueden estar seguros de las reacciones que tendrás en cierta situación en un momento dado. El hecho de que seas imprevisible constituye tu carácter único.

6. Tu perfil de sensibilidad

El hombre moderno, cautivado por la cultura del materialismo y el consumismo, se ha vuelto tan mecánico que prácticamente no tiene espacio para los "sentimientos", las "emociones" y los sueños en su existencia calcificada, como lo expresó atinadamente Buddhadeb Dasgupta, el célebre director de cine bengalí, cuyas poderosas producciones cinematográficas han sido aclamadas a nivel internacional en el Festival de Cannes. Las actitudes sociales cambiantes, el creciente utilitarismo y las tensiones del mundo de los negocios, casi han embotado la sensibilidad, la inocencia y la espontaneidad del alma humana.

Como resultado, a menudo nos vemos acosados por una sensación de intranquilidad que hace que sintamos que estamos cayendo en la trampa de una existencia robotizada y nos llenamos de una terrible nostalgia por las alegrías inocentes de nuestra niñez perdida, como lo expresa el famoso poeta Sudarshan Fakir en su *hermoso "nazin"—"Yeh dualat bhi le lo, ye shohrat bhi le lo....magar mujh ko lauta do, bashpan, ka saawan, w kaaghaz ki kashti, wo abrís ka pani"*...... Las siguientes preguntas abordan algunas de estas lúcidas características de la personalidad, desplegando tu conciencia de ti mismo en lo relacionado con tu sensibilidad, el eslabón faltante entre tu ser físico y tu ser espiritual.

Marca "Sí" o "No" en las siguientes preguntas: sé tan sincero y espontáneo como te sea posible:

P. 1. ¿A menudo te ríes y te diviertes con los personajes de una obra teatral o de una serie de televisión? (Sí/No)

P. 2. ¿Con frecuencia te dejas llevar por sueños y fantasías? (Sí/No)

P. 3. ¿Tiendes a sentir empatía hacia el protagonista de una película emotiva? (Sí/No)

P. 4. ¿Te detienes por un momento y *te compadeces* del niño vestido de harapos, que va por las calles pidiendo limosna? (Sí/No)

P. 5. ¿A menudo prefieres caminar entre los árboles y las flores en lugar de pasar una tarde de actividad febril en un centro comercial? (Sí/No)

P. 6. ¿Te encanta hacer bromas y travesuras con tu sobrino de tres años de edad? (Sí/No)

P. 7. ¿Recuerdas enviar detalles como un ramo de flores frescas y una afectuosa "nota de agradecimiento", o felicitaciones de cumpleaños y aniversarios de bodas? (Sí/No)

P. 8. ¿A menudo sientes nostalgia en relación con las imágenes y recuerdos de tu infancia y ciertos detalles inocentes y dulces relacionados con ellos? (Sí/No)

P. 9. ¿Te encanta volar papalotes de colores en la azotea con tus amigos y tus hijos en un día de asueto? (Sí/No)

P. 10. ¿Te gusta salir y oler, respirar, tocar y sentir las primeras gotas del monzón? (Sí/No)

P. 11. ¿Conservas tus bellos sueños a pesar de estar consciente de que tal vez nunca se vuelvan realidad? (Sí/No)

P. 12. ¿Prefieres invertir tus ahorros en un viaje rejuvenecedor en tu centro turístico favorito en las montañas, en lugar de acumular tus posesiones materiales interminablemente? (Sí/No)

Asigna una marca por cada respuesta afirmativa (Sí) en las preguntas anteriores.

Interpretación

De 9 a 12 puntos: Estás en un íntimo contacto cercano con tu yo sensitivo, experimentas la conciencia cósmica, con una visión en que el infinito no sólo se conceptualiza, sino que se hace realidad. Tu voluntad creativa define su equivalente en otros, experimentando su propia universalidad y esta intuición crea un camino hacia el conocimiento del poder que es, en sí, una chispa en tu interior. Conoces el secreto para entrar a los lugares silenciosos de tu corazón, tu ser interno. La intuición se te da en forma natural, haciendo surgir conocimientos y verdades al instante, es un río. Tienes habilidad para actividades estéticas como la pintura, la música, el teatro o los medios de comunicación.

De 5 a 8 puntos: Estás muy cerca de encontrar la armonía interna, pues no crees que debas tratar tu vida emocional y tu vida práctica como si fueran paralelas y como si no hubiera un vínculo entre ellas. De hecho, estos dos ámbitos son como los corredores que conectan la casa de tu vida. Mantén abierta la puerta que hay entre ellos. Tienes la capacidad de reflejar tus emociones en otros. Con perspectivas sutiles, confiadas y en cierta forma individualistas, en tu enfoque y en tu pensamiento, fluyes calidez en tus relaciones interpersonales.

De 1 a 4 puntos: Bajo el condicionamiento de tu ethos utilitario, has creado actitudes cristalizadas hacia la vida. Como lo expresa Khalil Gibrán: "Tal vez el músico te cante acerca del ritmo que hay en todo el espacio, pero no puede darte el oído que capta el ritmo, ni la voz que le hace eco"… Debes llegar a ser como piensas. Eres muy importante pero no sólo busques rentabilidad en la importancia. Cultiva la fe infantil del ave que percibe la luz y canta en las tinieblas, cuando la aurora aún no ha llegado… Trata de tocar con tus dedos el cuerpo sutil de tus sueños llenos de ternura. Enorgullécete de ellos ya que constituyen los elementos más finos de la vida. Despliega para ti la realidad de ti mismo como si fuera una flor de loto con incontables pétalos. Date tiempo para saborear tus silencios interiores. Ellos pueden transformarte.

7. ¿La desilusión te abruma?

Los neuro-psiquiatras afirman que la felicidad y la tristeza son las emociones más básicas. A menudo leemos en los periódicos incidentes que se relacionan con malos resultados en los exámenes que causaron reacciones que van desde baja autoestima hasta la depresión, la tristeza e incuso el suicidio. Una reacción tan llena de pesar con frecuencia aparece después de una expectativa negativa que no se cumplió, mediante varias etapas de impacto, negación, enojo, desaliento, y depresión. ¿En general te dejas llevar por este síndrome de "esperanza-expectativa-desilusión", o ante todo confías en tu instinto y actúas? Marca "Sí" o "No" en las siguientes preguntas y experimenta la alegría de descubrir ciertos rasgos latentes que sobreviven en el interior de la estructura de tu personalidad.

P. 1. Cuando una expectativa inicial tuya no se hace realidad, ¿le restas importancia a tu expectativa en forma flexible? (Sí/No)

P. 2. ¿Tratas de fraguar expectativas pequeñas y realistas en tu estilo de vida? (Sí/No)

P. 3. ¿Inviertes emocionalmente en cualquier expectativa en tu vida? (Sí/No)

P. 4. Si tu expectativa de intensas emociones no funciona, ¿acabas sintiendo que "la vida no vale la pena"? (Sí/No)

P. 5. ¿Usualmente ves las cosas en blanco y negro como si fueran completamente buenas o completamente malas, y no crees que haya en ellas áreas grises? (Sí/No)

P. 6. ¿Estás consciente de las limitaciones que tienes tú y tienen otros que te rodean, en tu vida diaria? (Sí/No)

P. 7. ¿Una relación rota se convierte para ti en un feliz recuerdo que te consume y que adoras, como si fuera lo único que la vida te ha ofrecido? (Sí/No)

P. 8. Si alguna relación te afecta, ¿tratas de hacer una introspección para descubrir qué hiciste mal, en lugar de ignorar tus propios errores básicos y culpar a otros? (Sí/No)

P. 9. Si un amigo o amiga tuya sufre una decepción, ¿puedes actuar con objetividad y simplemente ser tu mismo(a)? (Sí/No)

P. 10. ¿Te sientes automáticamente superior si a otra persona le ocurre un percance y a ti no? (Sí/No)

P. 11. ¿A menudo tiendes a retirarte a tu propia concha, a culparte, a hacer cosas extrañas, a llorar o a hundirte en una crisis nerviosa, cuando sufres un ataque de desilusión? (Sí/No)

P. 12. Cuando las cosas son lo contrario a tus expectativas, ¿te violentas y caes en ataques de ira? (Sí/No)

P. 13. Cuando te enfrentas al fracaso y a la desilusión, ¿te es difícil seguir tu sencilla rutina diaria? (Sí/No)

Asigna una marca a cada respuesta **afirmativa** a las preguntas número 1, 2, 6, 8 y 9, y a cada respuesta **negativa** a las preguntas número 3, 4, 5, 7, 10, 11, 12 y 13.

Interpretación

De 9 a 13 puntos: Posees la destreza de usar tu presencia de ánimo y tu inteligencia para superar los obstáculos que se interponen en tu camino. Te gusta seguir el flujo de la vida en lugar de nadar contra la corriente. Tiendes a entrar en tu interior para enfrentarte a la verdad. Hay claridad en tus metas y expectativas. Tienes éxito en la vida y no sufres de estrés. Tienes la cualidad especial de tener elasticidad y ser complaciente ante los trastornos de la vida.

De 5 a 8 puntos: Cuando te enfrentas a la oposición, te sientes ligeramente derrotado por las situaciones y conflictos mentales. El trasfondo de descontento y de desilusión a menudo te llenan de ansiedad. Tiendes a ser impaciente y eso a veces crea turbulencia. En general, tiendes a ser flexible y manejas las situaciones con una actitud equilibrada. La introspección con frecuencia te ayuda a pasar a través del caos siendo consciente de la situación.

De 1 a 4 puntos: Tiendes a irte a los extremos y a sobreactuar en cuanto a lo emocional. Los conflictos emocionales y las relaciones interpersonales resultan ser tan dolorosas, pues tú a menudo no te analizas como persona y tiendes a ver lo que quieres ver. Los sucesos y reacciones inesperadas pueden desequilibrarte. Te es difícil enfrentar situaciones, concentrarte, tomar decisiones o expresarte plenamente. Es mejor dar un paso a la vez y ser realista. Trata de no perder de vista las metas prácticas. Podrías intentar eliminar capas de tensión interna mediante la yoga espiritual y la meditación trascendental.

8. Tu capacidad de empatía

¿Eres una personalidad con empatía? La empatía es la capacidad de identificar nuestro yo con el yo de otra persona. Es obvio que la empatía incrementa la eficacia de una persona para percibir y comunicarse, ya que miramos y escuchamos a las personas que suponemos son parecidas a nosotros y están de acuerdo con nosotros. Una persona con empatía es sensible a la percepción de pistas emocionales o a entender las opiniones de otros. Incluye la capacidad de una persona para valorar correctamente las reacciones de pensamiento y emoción del grupo al que pertenece. Las preguntas que aparecen a continuación miden diferencias individuales en cuanto a la tendencia de asumir una similitud entre uno mismo y otros.

Marca las respuestas con las que estés de acuerdo.

P. 1. ¿Por lo general buscas a toda costa lo que te hace feliz? (Sí/No)

P. 2. En una situación de emergencia, ¿por lo general tienes control de ti mismo? (Sí/No)

P. 3. ¿Por lo general te interesas en otros? (Sí/No)

P. 4. ¿Experimentas un placer intenso con sólo mirar un edificio hermoso o un pintoresco paisaje de la ladera de una colina? (Sí/No)

P. 5. ¿Tiendes a reír o a llorar con bastante facilidad? (Sí/No)

P. 6. ¿Por lo general tienes gustos, emociones y sentimientos moderados? (Sí/No)

P. 7. En lo relacionado con la conducta, ¿siempre te apegas a lo acostumbrado? (Sí/No)

P. 8. Por temperamento, ¿tiendes a ser escéptico y no creyente? (Sí/No)

P. 9. ¿Con frecuencia piensas más de lo que hablas? (Sí/No)

P. 10. ¿Las cosas te agradan o te desagradan con gran intensidad? (Sí/No)

P. 11. ¿Te es difícil apegarte a una rutina rígida? (Sí/No)

P. 12. ¿Te sientes cómodo sólo cuando estás rodeado de personas? (Sí/No)

P. 13 ¿Más a menudo te sientes cómodo(a) trabajando con otros? (Sí/No)

P. 14. ¿Preferirías escuchar una historia en lugar de contarla? (Sí/No)

P. 15. ¿Eres cauteloso al iniciar algo que podría llevarte a una experiencia humillante? (Sí/No)

P. 16. ¿A menudo corriges a otros no porque se hayan equivocado sino sólo porque te irritaron? (Sí/No)

P. 17. ¿Casi nunca te sientes avergonzado(a) en tu trato con otros? (Sí/No)

P. 18. ¿El pensar en Dios te da una sensación de paz, tranquilidad y seguridad? (Sí/No)

P. 19. ¿Te gustan los animales domésticos? (Sí/No)

P. 20. ¿Te esfuerzas por darle de comer a un pordiosero? (Sí/No)

Asigna una marca por cada respuesta afirmativa en todas las preguntas menos en la número 1, 7, 8 y 10.

Interpretación

De 12 a 20 puntos: Eres una personalidad comprensiva, cálida y enfática. Tienes una disposición generosa ante las emociones de otros; posees una actitud mental de compasión, sensibilidad e interés generoso por el mundo externo. Tu naturaleza filantrópica hace de ti un amigo o amiga de gran valor en las necesidades, pues respondes cuando requieren socorro. La compasión que muestras te ayuda a actuar con racionalidad y a elevarte a la altura de las circunstancias, lo que hace de ti una persona confiable.

De 8 a 11 puntos: Tu enfoque centrado en ti mismo(a) en la vida, y tu reacción tibia ante el destino de otros, te incapacita para ponerte en su lugar, y eso te lleva a tender hacia el egoísmo. Necesitas sensibilizarte para desarrollar una personalidad sana.

De 1 a 7 puntos. Tu actitud fría y desagradable y tu desconfianza hacia otros, hace de ti una persona estoica e insensible a otros. Tu sistema de valores narcisista hace que te preocupes demasiado por tus propias ambiciones y planes en la vida. Tienes que aprender a dar algo de ti mismo(a) y cultivar el amor hacia la humanidad. Haz un esfuerzo por descubrir horizontes más amplios en la vida y enriquecer tus facultades mentales y así marcar el inicio de tu crecimiento psicológico.

9. ¿Qué tan feliz eres?

La felicidad es un término subjetivo. Abraham Lincoln afirmaba que: "La mayoría de las personas son tan felices como deciden serlo". A la larga, la felicidad es un estado mental o un punto de vista ante la vida que nos capacita para superar las fluctuaciones de nuestro estado de ánimo. ¡Nuestra felicidad depende de la forma en que percibimos nuestras circunstancias y no de la forma en que son en realidad! Por tanto, algunas personas que han sido bendecidas con salud y riquezas pueden ser pesimistas porque no han alcanzado metas positivas en la vida. Mientras que otras personas que se enfrentan a enfermedades graves o a un ingreso limitado pueden ser felices porque a pesar de ello tienen un punto de vista más optimista. Como lo expresa el sociólogo Thorolfur Thorlindsson, de la Universidad de Islandia: "El secreto de la felicidad está en disfrutar lo que uno tiene". En una encuesta realizada en 18 países, se descubrió que los islandeses son la nación más feliz que existe, a pesar de que viven en una isla azotada por el viento, y rodeada de glaciares y volcanes.

Muy a menudo, el nivel de nuestras expectativas determina nuestro nivel de felicidad. Cuanto más esperamos alcanzar y cuanto más nos comparamos con personas que tienen una posición más alta en lo material, más nos frustramos y más desdichados nos sentimos. Tendemos a olvidar que la felicidad no se basa en objetos perecederos, puesto que la auténtica paz duradera yace sólo en el

Absoluto. El Absoluto debe buscarse y comprenderse para poder alcanzar una felicidad perpetua, como lo señala Swami Sivananda. De hecho, la felicidad está en alcanzar la armonía más cercana posible entre nuestras expectativas y nuestros logros.

La felicidad varía en relación al estrés, más que ningún otro factor. Según los psicólogos, tres cuartas partes de las personas con niveles bajos de estrés son felices, pero sólo una cuarta parte de las personas con niveles altos de estrés lo son. Es irónico que las personas con niveles altos de ingresos tiendan a estar más satisfechas con la vida que las personas con niveles bajos de ingresos. No obstante, muchas personas que viven en afluencia también se ven acosadas por un estrés excesivo; ese es el precio que muchos pagan por alcanzar el éxito.

En la actualidad, los psicólogos están estudiando en qué medida se ve afectada la felicidad por nuestros estados de ánimo temporales y por nuestra satisfacción con la vida a largo plazo. Nuestros estados de ánimo temporales y sus flujos y reflujos pueden atribuirse a varios factores, como las endorfinas, que son en parte responsables de nuestra sensación de entusiasmo, por ejemplo después de hacer un ejercicio vigoroso, al igual que por la sensación de alivio que se experimenta al llorar. Por tanto, al vivir con entusiasmo los altibajos normales de la vida, se activan las endorfinas, lo que a su vez afecta nuestro estado de ánimo, como lo explica el psicólogo Hopson.

De manera similar, Diener, psicólogo conductista, descubrió que las personas felices tienden a tener una alta autoestima y relaciones satisfactorias con otras personas. También tienden a ser sociables, a tener trabajo y a hacer ejercicio y a dormir bien. Pero ante todo, lo que parece ser el factor más importante para la felicidad de un adulto, es la certeza de que la vida tiene significado y dirección. La felicidad se alcanza dándosela a otros. Además, Myers afirma que las personas que practican una religión y están comprometidas con su fe, tienden a ser más felices y a tener más satisfacciones en la vida que aquellas que no lo hacen. La fe en la divinidad en sí puede sanar. Este es un tratamiento sin drogas, una guía para una vida de nivel superior y la experiencia de años de intensas investigaciones y estudios. Estos descubrimientos abren nuevos panoramas para una vida positiva.

Marca el siguiente cuestionario para evaluar tu propio nivel de felicidad, respondiendo a cada una de las preguntas en forma honesta y espontánea.

P. 1. Consideras que tu cumpleaños…

a) ¿Significa que estás un año más cerca de tu lecho de muerte?

b) ¿Significa que una parte de ti nace de nuevo?

P. 2. En la lucha diaria por la vida…

a) A menudo lamentas todos los momentos difíciles que has tenido que enfrentar.

b) Consideras que esta lucha es una fuente de fortaleza para enfrentar todos los retos futuros.

P. 3. Tu enfoque hacia la vida es:

a) Dar gracias a Dios cada día por todo y por los dones que Él te ha dado.

b) Compararte continuamente con gente de clases más privilegiadas y sentirte triste la mayor parte del tiempo.

P. 4. Tu diálogo interno en ocasiones lleva este tipo de comentario:

a) "No puedo…"

b) "Sí puedo"

P. 5. En tus relaciones con otros, tiendes a…

a) Ver ante todo atributos negativos en ellos.

b) Ser generoso con cumplidos genuinos y con tu aprecio hacia ellos.

P. 6. Tiendes a…

a) Confiar en los demás.

b) Ser escéptico hacia ellos.

P. 7. A menudo te acosan pensamientos de celos, enojo, desprecio y venganza.

a) Sí.

b) No.

P. 8. En momentos de adversidad…

a) La enfrentas con deportividad, tomas las cosas con calma y aceptas lo que ocurre como la voluntad de Dios.

b) Te sientes desdichado.

P. 9. Casi siempre te sientes deprimido(a) sin razón alguna.

a) Sí.

b) No.

P. 10. En promedio, ¿qué porcentaje del tiempo tiendes a sentirte feliz?

a) Siempre (100 por ciento).

b) Casi siempre (90 por ciento o más).

c) Entre el 50 y el 90 por ciento.

d) Menos del 50 por ciento.

Respuestas correctas

1) b; 2) b; 3) a; 4) b; 5) b; 6) a; 7) b; 8) a; 9) b;10) a y b;

Interpretación

8 o más respuestas correctas: Eres una persona incorregiblemente feliz y tienes una filosofía sensata y un mecanismo para enfrentarte a la vida. Tu adaptabilidad y tu inteligencia te hacen ver los aspectos brillantes de la vida. Los inevitables problemas cotidianos que se cruzan en tu camino no te alteran. Tomas la vida como viene.

De 5 a 7 respuestas correctas: Estás dentro de la categoría promedio. A veces tiendes a ser temperamental y pesimista. Deberías desarrollar pasatiempos creativos que te absorban para llegar a tener un enfoque positivo hacia la vida.

De 1 a 4 respuestas correctas: Tienes un caso grave de psique inadaptada que paraliza tu entusiasmo por vivir con una actitud positiva. Definitivamente tienes que cambiar tu visión de la vida para aprovecharla al máximo. Reestructura tus pautas de pensamiento observando a las personas que son menos privilegiadas que tú. Debes recordar que la felicidad y la tristeza sólo son términos relativos, ya que lo que alimenta a un hombre podría actuar como veneno para otro. Trata de cambiar tu punto de vista con una firme fe en Dios y mediante la práctica de la meditación a través de la oración y del culto a Dios; sirve a otros con generosidad. Recuerda que la felicidad no está en ganancias materiales ni en el afán de poseer. La única manera de alcanzarla es dándosela a otros.

10. Conoce tu autorretrato no verbal

La mayoría de las personas con frecuencia expresan sus sentimientos internos de manera no verbal. Ese tipo de comunicación muy a menudo refleja nuestras emociones y actitudes, y retrata en forma sutil nuestro espectro emocional. Cuando las palabras fallan, un gesto sutil es muy elocuente. Puede reflejar y desplegar el intrigante arte de la negociación. Los indicios no verbales pueden revelar si la persona con quien estás hablando está mintiendo, es amigable, está aburrida, está a la defensiva, siente ansiedad o está impaciente. A menudo, los gestos son como las palabras de un idioma.

La **kinesiología** o **quinesiología** (el estudio científico del movimiento humano. Del griego *kínesis* = movimiento y *logos* = tratado, estudio), revela que el inconsciente de un ser humano podría reaccionar ante el inconsciente de otro ser humano mediante reacciones y gesticulaciones que se conciben a nivel subconsciente.

Al responder a las siguientes preguntas, intenta interpretar tus propios gestos y explora tu propio subconsciente con el pensamiento.

Marca las preguntas para las que consideres que tu respuesta es "Sí".

P. 1. Mientras hablas, con frecuencia…

a) ¿Tiendes a evitar mirar a los ojos de tu interlocutor?

b) ¿Miras directamente a los ojos de la persona que te está escuchando del 30 al 60 por ciento del tiempo durante tu conversación?

c) ¿Te encoges de hombros y abres las manos cuando afirmas algo?

d) ¿Tiendes a carraspear antes de empezar a hablar y utilizas muletillas verbales como "bueno", "¿sabes?" y tienes cambios en el tono y la inflexión de la voz?

e) ¿A menudo juntas las puntas de los dedos cuando afirmas algo durante una conversación?

P. 2. Mientras hablas, habitualmente…

a) ¿Metes las manos en los bolsillos aunque haga calor?

b) ¿Caminas con rapidez y mueves los brazos con toda libertad?

c) ¿Pones las manos a la espalda y rara vez levantas la vista o te percatas de la presencia de la gente?

P. 3. Al estar sentado(a), por lo general…

a) ¿Te sientas en la orilla del asiento y más cerca de la mesa que te separa de tu interlocutor?

b) ¿Te sientas con el respaldo de la silla frente a ti, como un escudo, sentándote a horcajadas en la silla?

c) ¿Te sientas con los brazos cruzados?

d) ¿Te mueves nerviosamente en la silla estando en clase o en seminarios y conferencias?

e) ¿Te sientas con los tobillos cruzados y con las manos apretadas o agarrando con fuerza los brazos de la silla, en especial cuando el avión está a punto de despegar o cuando estás en la silla del dentista?

P. 4. Cuando lanzas tu sonrisa de un millón de dólares, a menudo…

a) ¿Sonríes mostrando los dientes?

b) ¿Permites que se vean tus incisivos superiores, normalmente haciendo contacto visual con la persona afortunada a la que le sonríes?

c) ¿Sonríes de tal forma que los incisivos superiores son visibles pero el labio inferior queda entre los dientes?

d) ¿Tienes media sonrisa con una expresión de ironía?

P. 5. Mientras escuchas a alguien, ¿normalmente tamborileas en la mesa o golpeas el piso con los pies por un rato?

P. 6. ¿A menudo garabateas mientras hablas por teléfono o mientras tomas notas en clase?

P. 7. ¿Tiendes a apretar las manos y a retorcerlas con frecuencia cuando estás de pie frente a un grupo de personas a quienes tienes que dirigir la palabra?

P. 8. Al responder a una pregunta de uno de tus padres o de un jefe, ¿cuáles son tus peculiaridades o movimientos más comunes?

Por favor marca cualquiera de los siguientes puntos si tu respuesta a ellos es "Sí".

a) ¿No miras a tus padres o a tu jefe?

b) ¿Te cubres la boca con una mano al hablar?

c) ¿Te mueves nerviosamente?

d) ¿Miras hacia abajo?

e) ¿Encojes los hombros?

f) ¿Te humedeces los labios?

g) ¿Constantemente carraspeas?

h) ¿Te frotas la nariz?

i) ¿Te rascas la cabeza al hablar?

j) ¿Te frotas la nuca?

P. 9. Antes de permitir que la persona te vea, a menudo…

a) ¿Te enderezas la corbata o te arreglas el vestido?

b) ¿Arreglas los gemelos de las mangas de la camisa o te arreglas el cabello?

c) ¿Abotonas o enderezas el saco o buscas un espejo para verte?

d) ¿Te subes los calcetines al sentarte?

e) ¿Revisas tus uñas?

f) ¿Realizas una rápida revisión de tu apariencia y tu peinado?

Interpretación

Una respuesta afirmativa a cada pregunta, indica una disposición mental hacia las siguientes características de la personalidad:

P.1 a) Ocultación, timidez, introversión, pensamiento abstracto.

b) Confianza, extroversión, actitud defensiva.

c) Sinceridad, apertura, veracidad.

d) Incertidumbre y aprensión.

e) Confianza, egotismo, aire de suficiencia, orgullo, demasiada seguridad en lo que se dice.

P. 2. a) Actitud crítica, de secreto y de sospecha.

b) Orientación a las metas, acción inmediata para alcanzar los objetivos, gran necesidad de motivación relacionada con los logros.

c) Enfoque lento hacia la vida; preocupación por un problema apremiante.

P. 3. a) Expresión positiva de interés y concentración.

b) Dominante, agresivo.

c) Actitud rígida y cristalizada, personalidad dogmática, pensamiento fijo, actitud retraída durante la conversación si la expresión facial también refleja indiferencia.

d) Te aburres y te cansas con facilidad, estás tenso, molesto, sin un estímulo emocional.

e) Tenso, aprensivo, incómodo, con los nervios de punta, insatisfecho con lo que está pasando.

P. 4. a) Una sonrisa personal sencilla indica una naturaleza reservada y sin mucha participación en actividades externas.

b) Una sonrisa en la parte superior indica un saludo cordial, una disposición alegre.

c) Naturaleza evasiva; considera que la otra persona es superior en cierta forma.

d) Dado a las sutilezas, muestra timidez y un dejo de buen humor.

P. 5. Impaciencia, falta de interés y concentración.

P. 6. Aburrimiento; el interés decae poco a poco, admiración por las formas geométricas o artísticas que uno hace.

P. 7. Aprensión en situaciones difíciles, como enfrentarse a ataques personales o enfrentar a una audiencia hostil; nerviosismo.

P. 8. De la A a la J: Intento por ocultar sentimientos latentes; tendencia a mentir; intento de ocultar algo.

P. 9. Las personas se acicalan ante todo para causar buena impresión en personas del sexo opuesto, para causar una buena impresión en general o en un primer contacto; refleja necesidad de aceptación.

11. Pon a prueba tu autoestima y tu fuerza de voluntad

El nivel de motivación o la voluntad de lograr algo, es una forma de energía y una fuerza vital positiva que es necesaria para impulsarte hacia tus metas y ambiciones. Este asombroso poder interior invariablemente te premia con el éxito duradero en la vida. Es la fuerza interior que está latente en ti y que a menudo te transforma y te impulsa a dar el primer paso en una nueva dirección. ¿Tienes los ingredientes necesarios de paciencia, valentía y determinación para establecer metas y para esforzarte para alcanzarlas? "Todo depende de la motivación", afirma Marlin S. Potash, un psicoterapeuta de la ciudad de Nueva York. Por el contrario, existen varios factores que destruyen la energía, y que van desde el estrés hasta la baja autoestima. Virtualmente pueden bloquear y paralizar esta fuerza magnética que está oculta en tu ser interior. Además, la tristeza, la fatiga, las pérdidas, el enojo, la ansiedad, la desilusión y otras emociones negativas acaban con el impulso interior que apoya nuestra fuerza de voluntad y nuestro nivel de motivación. ¿Está equipado tu mecanismo mental con estrategias para enfrentarte a estos bloqueos mentales? **Responde a nuestro rápido cuestionario para descubrir tu nivel de autoestima y de fuerza de voluntad**.

P. 1. ¿Te sentirías desanimado, con tu autoestima destrozada si tu grupo de amigos rechazara tu invitación a una fiesta?

(Sí/No)

P. 2. ¿Un comentario casual de un amigo o amiga sobre ti, altera la imagen que tienes de ti mismo(a)? (Sí/No)

P. 3. ¿Experimentas un gran incremento de autoestima cuando alguien te pide un autógrafo? (Sí/No)

P. 4. ¿Sufres cambios *frecuentes* en tu manera de pensar, por ejemplo: "En este momento siento que estoy en la cima del mundo" y "Nadie me trata con justicia". (Sí/No)

P. 5. ¿Una crítica ocasional de tu jefe en tu lugar de trabajo acaba con tu confianza en ti mismo(a) y hace que baje tu autoestima? (Sí/No)

P. 6. ¿Encuentras que los descensos en tu autoestima a nivel profesional afectan tu vida personal? (Sí/No)

P. 7. ¿El hecho de que tus emociones negativas de tu vida personal se deslicen hacia tu vida profesional causa frecuentes cambios de estado de ánimo que afectan tu autoestima? (Sí/No)

P. 8. ¿Tu sentido de valía personal resulta tremendamente afectado cuando una persona que amas te rechaza en una relación romántica? (Sí/No)

P. 9. ¿Tiendes a considerar que tu trabajo tiene valor terapéutico siempre y cuando te asegure una brillante imagen personal de ti mismo(a) a nivel mental? (Sí/No)

P. 10. ¿Aspiras a reconstruir tu autoestima después de fracasar en una tarea, destacando en uno de tus pasatiempos como la pintura o la música? (Sí/No)

P. 11. ¿Evitas emprender tareas poco realistas que no pueden llevarse a cabo ni pueden abandonarse? (Sí/No)

P. 12. ¿A menudo te niegas el placer de disfrutar de tus pasatiempos favoritos evitándolos cuando te sientes inseguro(a) y con mínima confianza en ti mismo(a)? (Sí/No)

Asigna una marca a cada respuesta afirmativa en las preguntas 3, 9, 10 y 11. Asigna una marca por cada respuesta negativa en las preguntas 1, 2, 4, 5, 6, 7, 8 y 12.

Interpretación

De 9 a 12 puntos: Posees una voluntad de hierro y crees en ti mismo(a) y en tus habilidades, conservando una actitud indiferente hacia las fuerzas negativas de tu realidad externa. Tu sentido sensato de autoestima y tu alto nivel de motivación te llevan al éxito a pesar de los difíciles altibajos de los caminos de la vida. Logras mantener una autoimagen coherente durante las diversas facetas de tu vida. Se te ha dotado de una naturaleza independiente, de franqueza y de confianza, y te rodea un aire de optimismo. Eres capaz de comunicar tu actitud positiva a otros con quienes tienes un contacto cercano. Por lo general acabas siendo una persona de grandes logros.

De 5 a 8 puntos: Existe un justo equilibrio entre tu nivel de motivación y tu valía personal. Las fuerzas adversas que te jalan en la dirección opuesta no te afectan, proteges tu psique de todo daño. Usas con inteligencia tus talentos para que actúen como si fueran el mecanismo de defensa de tu ego y tu estrategia para enfrentar situaciones en que podrías perder la autoestima, reconstruyéndola a tu favor.

De 1 a 4 puntos: Al parecer oscilas hacia arriba y hacia abajo en los ciclos de tu autoestima y de tus niveles de motivación, y no tienes una voluntad de hierro para sobrevivir en esta era de feroz competitividad. Tiendes a ser demasiado sensible, introvertido e impresionable; no eres capaz de defenderte en este mundo malvado. Tienes que aprender a desarrollar una autoimagen más positiva. Puedes conquistar tus temores siendo más osado(a) en este juego mental. Descubre cuál fue la causa de tu fracaso y lo que puedes hacer para impedir que vuelva a suceder.

12. Conoce tus preferencias en colores y tu tipo de personalidad

El mundo de la naturaleza es en realidad una sinfonía de colores que expresa las emanaciones de diversos rayos de luz, ya sean los delicados tonos del amanecer, los tintes vívidos de la puesta del sol, la gloria del arco iris o la intensa grandiosidad de las flores de la primavera.

Las ciencias ocultas afirman que el Sol emana grandes rayos vibratorios, o longitudes de onda de luz, conocidos como los siete rayos vibratorios mayores a partir de los cuales brotan los siete tipos básicos de mentalidades y temperamentos humanos: violeta, índigo, azul, verde, amarillo, naranja y rojo. Cada uno de estos colores se divide en muchos subtonos.

Los antiguos egipcios fueron los primeros en formular la doctrina de la correspondencia entre los colores y la constitución humana, que se relacionan en cierta forma para simbolizar el aspecto físico-etéreo (el cuerpo material), el aspecto astral-mental (el alma) y la conciencia espiritual (el espíritu) de la psique humana.

Los colores, en su misterioso esplendor, tienen una forma sutil de expresar los tipos de personalidad. De hecho, son un lenguaje etéreo en tu expresión personal. Los colores que eliges, que se reflejan en tu ropa, en tu sala o incluso en los accesorios de tu baño, son a menudo una extensión de tu ser interior, y esto afecta tu estilo de vida. Verifica su sutil influencia en tu psique, con el ejercicio que aparece a continuación.

Marca el color —o los colores que prefieres— y descubre las cualidades latentes que son inherentes a tu tipo único de personalidad.

Rojo	Naranja	Amarillo	Verde	Azul	Violeta
Gris	Negro	Rosa	Plata	Café	Blanco

Interpretación

Rojo: El electrizante rojo, que es el símbolo de la vida, significa fuerza y vitalidad, fuertes tendencias físicas, mentes y voluntades fuertes, y usualmente una visión materialista en la vida. Una naturaleza muy cálida y afectuosa, y las más profundas pasiones humanas. Una naturaleza fuerte y autoritaria; lo que se conoce como una "personalidad magnética".

Naranja: Los yoguis lo llaman el "alma de la energía". Muestra una personalidad que es vital, enérgica y activa; una persona verdaderamente dinámica. De hecho, estas personas con frecuencia dominan a sus compañeros por la fuerza misma de sus cualidades vitales. Los escritores de la antigüedad consideraban que el color naranja expresaba sabiduría y poder de razonamiento.

Amarillo: Los tonos dorados del amarillo muestran las cualidades del alma, las fuerzas astrales de la mente. Simboliza el pensamiento y la concentración mental, la presencia del intelecto. El amarillo brillante y dorado tiene significado espiritual, lo que explica su uso en las ceremonias religiosas. Tiene el poder de disipar el miedo y la preocupación, pues tiene un elemento de tono que es valioso en ciertas formas de nerviosismo. Estimula tanto al cuerpo como a la mente. Por lo general muestra un alma que está desarrollando cualidades espirituales.

Verde: Por lo general indica individualismo, regeneración, energía y abundancia. Es la tónica del ego. El rayo verde rige el crecimiento individual, como una semilla que crece. A las personas exitosas y prósperas invariablemente les encantan los tonos verdes. El verde gobierna el ámbito mental, indica una multiplicidad de ideas y tipifica la libertad del cautiverio, la independencia y una vida nueva. Es excelente para personas nerviosas que están muy tensas debido a sus efectos curativos en la mente y en los nervios, y al impulso reconfortante que da al alma.

Azul: "El tono propio del cielo", el azul representa la inspiración; es el color espiritual. En los países de oriente, se colocaban objetos azules en las tumbas para ahuyentar a los espíritus malignos. En China y en Japón es el color de la fortuna. Representa la naturaleza artística y armoniosa y la comprensión espiritual. Simboliza el rayo de Luna y siempre se le ha relacionado con el aspecto femenino. En la Iglesia Romana, el azul es el color de la Virgen María. El azul brillante muestra confianza en uno mismo. Las personas que eligen muchas cosas azules son amigos leales y personas sinceras.

Violeta: Es el color más altamente espiritual, pues contiene la espiritualidad del azul y además los elementos de vitalidad y poder del rojo. Es una señal de idealismo trascendental, de poder y de influencia.

Gris: Personas con un amor nato a lo convencional, a la formalidad. A las personas de mente burocrática les agradan diversos tonos de gris. Muestra falta de imaginación, tendencia a la estrechez de miras; a menudo son personas que trabajan laboriosamente y nunca dejan una tarea sin realizar.

Negro: Es el color de la negación, se relaciona con acciones oscuras y crueles, e indica odio, discordia y pensamientos malignos. Es el color del duelo y del luto, y es la combinación más dañina de cualidades malignas que se conoce.

Rosa: Los antiguos filósofos lo consideraban el color místico; muestra un carácter silencioso, refinado y modesto. Uno rara vez nota que sea el color que prefieren las personas dogmáticas o agresivas. Con frecuencia se manifiesta en personas a quienes les agrada una vida tranquila, con amor a la belleza y un entorno artístico. Este tipo de personas manifiestan una devoción grande y duradera.

Plata: A las personas a quienes les agradan los vestidos con rayas plateadas tienden a ser personalidades volátiles y vivaces pero no muy predecibles. Este color va con personas que son versátiles, activas, talentosas en todo lo relacionado con el movimiento, el habla, los viajes, etc. Por lo general son aficionadas a todos los oficios y profesiones, pero no destacan en ninguno. En personas en quienes predomina el plateado, puede esperarse debilidad, incoherencia y cambios de estado de ánimo, de modo que hay que estar alerta.

Café: Muestra capacidad para la organización y el manejo ordenado de las cosas; este es el color de los hombres de negocios. Representa la diligencia; por ejemplo, la tierra café que sin cesar lucha por dar fruto y dar vida a las plantas. No esperes sentimientos o tendencias fuertemente emocionales en personas a quienes les agradan los tonos color café. Es un color predominante en las conexiones y en las mentes que apoyan los valores tradicionales; es el punto de partida para la ambición y el poder material y comercial, y para la perseverancia meticulosa. Los tonos más claros de café indican codicia.

Blanco: Un color neutral; simboliza la pureza, la apertura, la veracidad, la serenidad, la sensibilidad, la sabiduría, el refinamiento y la espiritualidad. Refleja los elementos del cosmos conocidos como "Satyam Shivam Sundaram", que representan los aspectos dinámicos de la materia y el espíritu. Un aire de grandiosidad rodea a este color, que muestra un intento consciente de alcanzar la perfección y la pureza. Lo eligen ante todo personas rectas y quienes aspiran a la verdad en todas sus formas.

13. ¿Has aprendido el arte de decir "no"?

¿Eres el tipo de persona que a menudo acaba dando una respuesta afirmativa a otros a pesar de que eso se opone a sus deseos, simplemente porque no has aprendido el arte de decir "no"? ¿A menudo te encuentras atrapado(a) en un remolino de obligaciones, deberes y presión de tus colegas en situaciones sociopsicológicas que se relacionan con tu trabajo o con tu vida social y familiar? ¿A veces te sientes sofocado(a) y hierves con sentimientos no expresados de resentimiento y de desilusión por ambiciones que no pudiste realizar? ¿O eres el tipo de persona que permanece impávida, impasible e indiferente ante las acciones de otros, y mantiene a raya su ansiedad, sus inhibiciones y sus temores interpersonales?

La mayoría de las personas se esfuerzan por lograr libertad emocional con el fin de evitar que su psique sufra lesiones causadas por el condicionamiento relacionado con algunos de nuestros profundos temores sociales, ansiedades, inhibiciones e incertidumbres psicológicas que reflejan las experiencias de la primera infancia. Intenta responder a las siguientes preguntas y descubre "lo que en realidad eres".

Por favor marca las preguntas a las que darías una respuesta afirmativa.

P. 1. ¿Sueles comprar cosas que en realidad no tenías la intención de comprar sólo porque te es difícil decirle "no" a un hábil vendedor?

P. 2. ¿Es fácil para ti iniciar una conversación con un extraño?

P. 3. ¿Te satisface tu vida social?

P. 4. ¿No te es difícil rechazar una petición no razonable de alguien?

P. 5. ¿Dudas cuando tienes que devolver un artículo a la tienda donde lo compraste aunque tengas una buena razón para devolverlo?

P. 6. ¿Te cuesta trabajo socializar y seguir adelante con una conversación en situaciones sociales?

P. 7. ¿Te es difícil criticar a tus amigos?

P. 8. ¿Prefieres restringir tus sentimientos de resentimiento por temor a crear una escena desagradable?

P. 9. ¿Compartes tus sentimientos internos con un/a amigo/a?

P. 10. ¿Se te dificulta reprender a tus subordinados o darles órdenes?

P. 11. ¿Expresas con franqueza tanto tus sentimientos de ternura como tus sentimientos de ira?

P. 12. ¿Encuentras que otros te mangonean y te explotan?

P. 13. ¿Te sientes satisfecho(o) y complacido(a) con tu carrera profesional?

P. 14. ¿Te cuesta trabajo creer y aceptar un cumplido por parte de otra persona?

P. 15. ¿Dudas al expresar tu molestia a alguien que te importuna por hablar en voz alta durante una película interesante, una obra teatral o un concierto?

P. 16. ¿Te preocupa el pensar que la gente podría pensar que eres una persona aburrida?

P. 17. ¿Eres espontáneo(a) al ofrecer cumplidos y alabanzas a tus amigos?

P. 18. ¿Permites que otro ocupe tu lugar en el estacionamiento?

P. 19. ¿Sientes tensión, temor e inquietud ante la mayoría de las siguientes situaciones?

a) Alguien te ignora.

b) Pareces tonto(a).

c) Estás ante personas extrañas o extranjeras.

d) Estás ante personas de autoridad.

P. 20. ¿Sufres de un vago sentido de inseguridad que te impide tomar la iniciativa en actividades de grupo?

Asigna un punto por cada respuesta afirmativa en las preguntas 2, 3, 4, 9, 11, 13 y 17, y por las respuestas negativas en las preguntas 1, 5, 6, 7, 8, 10, 12, 14, 15, 16, 18, 19 y 20.

Interpretación

De 0 a 7 puntos: ¡Lástima! Pareces sufrir una "constipación de emociones". Eres el tipo de persona que tiende a sentirse culpable por cualquier cosa que salga mal, ¡sea o no responsable de ella!

De 8 a 14 puntos: Conoces tus necesidades y tus valores y puedes expresar tu identidad mediante una actitud de confianza en ti mismo(a). Tus amistades y familiares son importantes para ti, pero la vida no sólo se limita a ellos.

De 15 a 20 puntos: Al parecer crees en la frase del Dr. Alban: "Es mi vida" y respetas tu identidad, conservas tu respeto a ti mismo(a) y tu dignidad.

14. Determina tus necesidades psicológicas

La mayoría de nosotros afirmamos estar seguros de nosotros mismos y de nuestro tipo de personalidad, pero en realidad, eso no siempre es cierto. La psique humana a menudo es más complicada e intrincada de lo que imaginamos. Este es un ejercicio que te ayudará a tener una visión más profunda de ti mismo(a) y familiarizarte con las características de tu personalidad. La idea es ir retirando una capa tras otra y así revelar gradualmente tu yo oculto. Esta conciencia de ti mismo(a) te ayudará a tener perspicacia para percibir tus reservas psicológicas, lo que hará posible que te enfrentes en forma más realista y eficaz a los desafíos de la vida diaria. **Por favor marca la pregunta si consideras que le darías una respuesta afirmativa.**

P. 1. ¿A veces te sientes feliz y a veces te sientes deprimido(a) sin razón aparente?

P. 2. ¿A veces tu mente divaga cuanto estás tratando de concentrarte?

P. 3. ¿Te sientes más feliz cuando te involucras en un proyecto que exige acción rápida?

P. 4. ¿A veces estás rebosando de energía y a veces te sientes indolente?

P. 5. ¿A menudo te acosan sentimientos de culpabilidad?

P. 6. ¿Por lo general prefieres actuar como líder en las actividades de grupo?

P. 7. ¿Con frecuencia te "pierdes en tus pensamientos" cuando se te pide que participes en una conversación?

P. 8. ¿Normalmente tomas la iniciativa cuando se trata de hacer amigos?

P. 9. Cuando ya ha pasado un momento crítico, ¿usualmente piensas en algo que debiste haber hecho pero no lo hiciste?

P. 10. ¿Te inclinas a ser rápido y justo en tus acciones?

Asigna un punto por cada respuesta correcta.

Respuestas correctas

Preguntas 3, 6, 8 y 10: Sí

Preguntas 1, 2, 4, 5, 7 y 9: No

Interpretación

De 7 a 10 puntos: Tienes un dominio astuto del arte de ser una luz para ti mismo(a) y explorar el amplio firmamento de tu capacidad consciente, experiencia y aventura. Tiendes a avanzar con una facilidad alegre hacia nuevas dimensiones interiores y hacia pautas de creatividad exteriores. Sientes un revoloteo interior y extiendes las alas para volar con libertad. Al parecer reflejas una gentil cualidad juvenil en todo lo que haces. Tienes una personalidad equilibrada, positiva y extrovertida.

De 4 a 6 puntos: Necesitas superar algunos de tus antiguos puntos de vista y bloqueos emocionales para evitar perder oportunidades. Una nueva visión puede abrir nuevas puertas para tu expansión mental. Aunque estás en el límite de la introversión, tienes la capacidad de realizar tu potencial asumiendo el control de tus emociones negativas.

De 1 a 3 puntos: Tiendes a presionarte innecesariamente con pensamientos negativos, lo que lleva a la inacción y a la pérdida de energía. Una conciencia interior puede llevarte a un espacio de meditación y a una dimensión más alta de experiencia. Necesitas cambiar tu forma introvertida de pensar, tus pautas y patrones, después de un poco de introspección y de una evaluación honesta. Un nuevo enfoque al mismo problema podría ser precisamente la solución que has estado buscando. Puedes abrir nuevos horizontes para un estilo de vida positivo que propicie tu crecimiento personal con la ayuda de autosugestiones positivas.

15. ¿Tienes sentido del humor?

El sentido del humor es una de las numerosas experiencias revitalizadoras que nos ofrece la vida. En medio del mar de la humanidad y de la civilización, cada uno de nosotros tiene su propia manera de pensar y de ver la vida desde su propia perspectiva única, lo que para un psicólogo lleva la marca indeleble de la personalidad y el coeficiente emocional.

Un agudo sentido del humor es un requisito para captar ante todo el aspecto gracioso de la vida, enfatizando el hecho de disfrutar el precioso don de la vida en lugar de tomarla con demasiada seriedad dentro de un contexto negativo. El humor creativo rejuvenece y da vigor a los sentidos. Un humorista creativo invariablemente resulta ser un intelectual, una persona altamente individualista cuyo pensamiento alcanza altos niveles, y tiene la capacidad de reír de sí misma, y ciertamente no a costa de otros.

Prepárate para un breve cuestionario y da un paso al frente con osadía y honestidad para enfrentarte a la vida en las diversas situaciones hipotéticas que se presentan a continuación. **Observa lo mucho que corresponden a tus estados de ánimo y mira con cuanta frecuencia estás de acuerdo con estas preguntas o afirmaciones (respondiendo afirmativamente). Marca sólo las preguntas con las que estés de acuerdo.**

P. 1. ¿Constantemente tratas de aligerar una situación pesada y con gran carga emocional, mediante un poco de humor inteligente?

P. 2. ¿Consideras fascinantes a las personas que hacer bromas utilizando la imaginación en sus conversaciones?

P. 3. ¿A menudo tratas de convertir a alguien en el "primer hazmerreír" de tu grupo de amigos?

P. 4. ¿Disfrutas ante todo leer artículos humorísticos, caricaturas, dibujos animados y libros de bromas?

P. 5. ¿Puedes crear bromas propias y reírte de ellas junto con todos los demás?

P. 6. ¿Con frecuencia haces reír a otros?

P. 7. ¿Prefieres ver programas humorísticos o películas de dibujos animados en la televisión?

P. 8. ¿Disfrutas un reproche de tus superiores que tenga un tono ligero y humorístico?

P. 9. ¿Eres la persona que da vida a la mayoría de las reuniones debido a tu buen humor y actitud divertida?

P. 10. Si la vecina se burla de ti porque te pusiste la blusa al revés...

a) ¿Te sientes apenada y tratas de explicarle la razón de que estuvieras distraída?

b) ¿Entras a la habitación y te la cambias de inmediato?

c) ¿Disfrutas la crítica y haces payasadas al respecto?

P. 11. Al narrar un incidente, en general…

a) ¿Tiendes a narrarlo en forma breve apegándote a los hechos y a las cifras?

b) ¿Añades colorido y sabor a un incidente ordinario presentando sus aspectos ligeros en forma más vistosa y con sutiles toques de humor?

P. 12. Marca cuál de los siguientes puntos es el componente más esencial para divertirse.

a) Música al máximo volumen.

b) Internet.

c) Risa.

d) Juegos de video.

e) Un largo paseo en coche.

Cuenta un punto por cada respuesta afirmativa en las preguntas 1 a 9, 10c, 11b, y 12c.

Interpretación

De 9 a 12 puntos: Eres un humorista acérrimo, seguramente te diviertes con D mayúscula. No permites que los hechos absurdos y las restricciones de la vida afecten tu psique. Eres sereno y sensible sin llegar a ser cruel.

Eres muy inteligente y creativo. Es maravilloso estar en tu compañía, pues eres joven de corazón y dinámico. Posees un aplomo natural, confianza en ti mismo(a) y una actitud ligera hacia la mayoría de las cosas; posees un alto sentido del humor.

De 5 a 8 puntos: Tiendes a vivir en el presente. Disfrutas los chismes y te gusta involucrarte en actividades sociales. Tu conversación fluye con bastante facilidad y te llevas bien con la gente porque entiendes el aspecto humorístico de las relaciones.

De 1 a 4 puntos: Prefieres un enfoque convencional hacia la vida. Evitas perder el tiempo con detalles chistosos que hacen que se descuiden los aspectos más importantes de la vida. Podrías sufrir de estrés mental, pues tiendes a tomar tus actividades demasiado en serio.

Los conflictos en el trabajo y en el hogar podrían trastornarte en gran medida, pues no tienes una forma de dejar salir tu enojo.

Ha llegado el momento de liberarte y celebrar la vida, disfrutando todo lo bueno que se cruce en tu camino. Relájate, libérate y disfruta las pequeñas alegrías de la vida.

16. Tu perfil en cuanto a escuchar

Escuchar es un ejercicio activo. Exige mucho trabajo. Ante todo, cuando alguien realmente escucha, no dedica su tiempo al tema que considera más importante: él mismo. ¿Alguna vez has analizado a qué personas te gusta escuchar y a qué personas te resistes? ¿Ya sea en una presentación formal, en una reunión o en una fiesta? ¿Y cuáles son las cualidades que encontraste entonces en quienes hablaban? Es interesante que las cualidades que buscas y las características que rechazas revelen una imagen sutil de tu propio yo interno. Responde a las siguientes preguntas y obtén un esbozo del perfil oculto de tu personalidad.

Marca sólo *una* de las alternativas que se presentan.

¿A quién preferirías escuchar?

P. 1. a) A alguien que hace que te sientas cómodo con su calidez y con su estilo amigable, honesto y abierto.

O

b) A alguien que satisface tu interés con su enfoque de aprobación, emoción, creatividad e interés.

P. 2. a) A alguien que te proporciona amplia información, pues es un experto en el tema y se muestra confiado.

O

b) Presenta su tema en forma atractiva y bien organizada.

P. 3. a) Parece confiable y auténtico debido a su estatus y posición social.

O

b) Te inspira por su innovadora manera de pensar.

Ahora, especifica lo que te molesta más al escuchar a alguien:

P. 4. a) Un estilo formal y acartonado.

O

b) Una apariencia cerrada y falsa.

P. 5. a) Una actitud presuntuosa que coloca a la persona uno o dos niveles por encima de ti.

O

b) Una actitud monótona o pasiva.

P. 6. a) Un estilo vago y complejo.

O

b) Un estilo demasiado intenso con el que empieza a hablar en un nivel demasiado alto para ti.

Interpretación

Si tus respuestas son en su mayoría a): Eres el tipo de persona a la que le agrada que se le invite activamente a crear un entorno en el que pueda relajar la guardia y relacionarse con otros de manera más directa y abierta. Tal vez encuentres en ti una inhibición en cuanto a expresar la calidez, la amistad, la honestidad o la apertura en forma muy directa, aunque respondes a ellas con placer. Por lo tanto, sientes una atracción subconsciente hacia quienes pueden llenar ese vacío y son un complemento para ti. Tu amor al conocimiento y tu autenticidad ante la fuente de donde lo tomas, hacen de ti una personalidad bien informada y mentalmente alerta. Básicamente eres un triunfador y una persona que trata de tener ambiciones y buenas relaciones interpersonales. No te gusta apegarte a un conjunto de reglas rígidas que no se relacionan con la situación en la que estás. Por lo general, no deseas admirar automáticamente a alguien antes de decidir por ti mismo(a) su valía. Tal vez muestres rebeldía contra la dominación en el trabajo por parte de personas que tienen posiciones de poder y de control. Aspiras a la claridad de visión y de comprensión. Las vaguedades y complejidades tienden a desconcertarte y te producen ansiedad interior. Aborreces darte cuenta de que no entiendes algo, y te gusta mantener un equilibrio al interior de tus facultades mentales. La disonancia cognoscitiva te desconcierta por completo.

Si tus respuestas son en su mayoría b): Al parecer prefieres sucesos que prometen placer y hacen que te pierdas en una sensación de anticipación y en una curiosidad relacionada con lo que vendrá después. El hecho de que la mayoría de las cosas estén organizadas satisface la necesidad de orden y de lógica que tiene tu cerebro. Normalmente tiendes a sentirte cómodo(a) con personas que pueden inspirarte, pues resultan atractivas para tu buena disposición de seguirlas como líderes, cuyas raíces son muy profundas. No obstante, tiendes a buscar espacio en las relaciones, en la creatividad y en el trabajo. Tienes la capacidad de ver la vida en todas sus dimensiones pues te gusta la emoción y todo lo que sea inspirador, interesante o innovador. A menudo rechazas la monotonía y la pasividad. También podrías ser temperamental e indulgente, de modo que debes buscar tu equilibrio interno y externo. Al parecer te desagrada profundizar más y entrar en temas que tienen un nivel de pensamiento demasiado alto e intenso. Sin embargo, en lugar de aferrarte a lo que consideras "valioso", intenta tener mayor elasticidad para sentir la libertad y la expansión de tu espíritu y experimentar el gozo que eso te produce y les produce a otros a tu alrededor.

17. ¿Piensas en forma negativa?

Es interesante notar que, como se afirma en la parapsicología, estamos rodeados de un océano de pensamientos. De hecho, estamos flotando en ese océano, absorbiendo ciertos pensamientos y rechazando otros en el mundo del pensamiento. Tal vez dejemos de existir, pero nuestros pensamientos seguirán existiendo en la atmósfera. Estos pensamientos pueden transformar la psique de una persona y pueden sanar enfermedades mediante los principios de la "autosugestión".

Encuentra tu propia línea de pensamiento a partir de las siguientes preguntas. **Responde "Sí" o "No" analizando la tendencia usual de tu pauta de pensamiento más persistente.**

P. 1. ¿A menudo empiezas un enunciado en forma positiva y luego introduces la palabra "pero" antes de terminarlo?

P. 2. Cuándo una nueva oportunidad toca a tu puerta, ¿las preocupaciones, dudas y ansiedades nublan a menudo tu visión del éxito?

P. 3. En tus relaciones con otros, ¿tiendes a ver ante todo sus atributos negativos?

P. 4. En tu espacio de trabajo, ¿a menudo haces comparaciones constantes con otros y permites que esto afecte tu trabajo en forma negativa?

P. 5. Cuando llega un vendedor a tu puerta y trata de venderte un producto nuevo, ¿a menudo tiendes a sentir que te está engañando o te está robando?

P. 6. ¿A menudo estás muy a la defensiva ante el menor comentario crítico?

P. 7. ¿A menudo te acosan pensamientos de celos, desprecio y venganza?

P. 8. Consideras que tu cumpleaños…

a) ¿Significa que estás un año más cerca de tu lecho de muerte?

b) ¿Significa que una parte de ti nace de nuevo?

P. 9. En la lucha diaria por la vida…

a) A menudo lamentas todos los momentos difíciles que has tenido que enfrentar.

b) Consideras que esta lucha es una fuente de fortaleza para enfrentar todos los retos futuros.

P. 10. Tu diálogo interno a menudo lleva este tipo de comentario:

a) "No puedo…"

b) "Sí puedo"

Asigna una marca por cada respuesta **afirmativa** en las preguntas de la 1 a la 7, y a la 8a, 9a y 10a.

Interpretación

De 1 a 4 puntos: Eres una de esas personas magnetizadas que se esperan lo mejor y tienen mucha fe en las posibilidades de la vida. Por lo tanto, tu subconsciente responde a las fuerzas de sanación que siempre están presentes. Te inclinas por naturaleza a pensamientos que dan vida y se te bendecirá con el amor, la salud y la felicidad.

De 5 a 10 puntos: Con tus pensamientos negativos, introduces obstáculos en tu mente, los cuales de hecho bloquean lo bueno que hay en ti y por lo tanto introducen limitaciones y frustración en tu vida. ¿Cuántas veces te has lesionado por enojarte, tener miedo, sentir celos o tener deseos de venganza? No naciste con estas actitudes negativas. Alimenta tu mente con pensamientos que dan vida, pensamientos saludables de paz y alegría para desencadenar el milagroso poder que hay en tu interior el cual tiene la fuerza magnética para transformar lo que parece "imposible" en algo "posible" para ti.

18. La percepción que tienes de tu autoimagen

Las especulaciones sobre la percepción humana revelan que la mayoría de nosotros a menudo tendemos a percibir nuestra autoimagen en una forma que con mucha frecuencia no tiene sincronía con las percepciones que tienen otros sobre nosotros.

Es interesante que en un examen profundo de las percepciones de la autoimagen se les haya dividido en cuatro categorías: (a) Percepciones que percibes *tú al igual que otros*, (b) las que *sólo* perciben otros, y tú no estás consciente de ellas; (c) las percibes tú, pero están *ocultas* para otros o no *se les revelan*, (d) no las percibes tú y tampoco otras personas (son una especie de punto ciego que podría revelarse ocasionalmente y podrías llegar a conocerlo, pues ciertos rasgos de tu personalidad suben a la superficie y a la larga ejercen influencia en tu comportamiento al relacionarte con otros).

A continuación se presenta una lista de rasgos de personalidad relacionados con tu autoimagen. (a) Marca los que coinciden con *tu percepción* de tu autoimagen, (b) Pídele a tu grupo que marque las que coinciden con *sus percepciones* de tu autoimagen y (c) Marca con honestidad los rasgos que sientes que tú conoces pero que *están ocultos a otras personas.*

Rasgos de tu autoimagen:

1. Autoritario
2. Inconstante
3. Aventurero
4. Expresivo
5. Trabajador
6. Sensitivo
7. Capaz de dar apoyo
8. Narcisista
9. Extrovertido
10. Leal
11. Travieso
12. Materialista
13. Obstinado
14. Racional
15. Perezoso
16. Rebelde
17. Egoísta
18. Toma riesgos
19. Sincero
20. Reflexivo
21. Deshinibido
22. No digno de confianza
23. Versátil
24. Codicioso
25. Avaro
26. Intolerante
27. Confiado
28. Paciente
29. Organizado
30. Tiene temor de Dios

¿En qué categoría tienes la máxima puntuación y sincronía?

Interpretación

Categoría A: ¡Personalidad con transparencia ideal!

Tus relaciones interpersonales se fortalecen con la verdad y la transparencia. Existe una interacción libre y espontánea entre tú y otras personas. Eres inteligente al analizar tus puntos a favor y tus desventajas en forma realista. Puedes lograr grandes avances en las relaciones difíciles y puedes expresar opiniones y sentimientos de tal manera que se valoren. Es posible que seas popular a nivel social y tal vez te desagraden los fingimientos en la vida. Te proyectas al mundo como un libro abierto. Muestras claridad de propósito en el logro de metas, lo que fortalece tu reputación y respeto. Puedes cristalizar tus ideas y hacerlas realidad.

Categoría B: "Personalidad tipo toro en la tienda de porcelana"

Existen zonas ciegas en tus percepciones psicológicas que parecen predominar en tu estilo de vida. Tu ignorancia y tu visión borrosa en lo que concierne a tu potencial y a tus desventajas forzosamente afectan tu interacción con otros y el logro de tus metas. No permitas que tu conocimiento inadecuado de ti mismo(a) influya en tu estilo de vida, pues de lo contrario podrías acabar en una confusión total. Trata de hacer una introspección calmada para tener un conocimiento más profundo de tu psique.

Categoría C: "La personalidad tipo tortuga"

Te las arreglas para ocultar a otros tu verdadero yo y creas una fachada de fingimiento extremo ante las personas con quienes interactúas. Las facetas de tu psique que evitas u ocultas representan cosas que sabes sobre ti mismo(a) pero que no revelas a otros, tal vez porque eres susceptible en esas áreas y las restringes en tu interior. Otra razón podría ser que desconfías de otros. En todo caso, sería más prudente despojarte de tus inhibiciones e interactuar de manera más espontánea con otros, compartiendo los elementos agridulces de la vida y hablando de ellos en una atmósfera de confianza y transparencia mutua que sea cada vez mayor. Gradualmente, encontrarás que es menos necesario ocultar o negar las cosas que conoces o sientes acerca de ti mismo(a), lo que te dará una nueva sensación de liberación y confianza, y limpiará la confusión que hay en tu interior. Esto es difícil ya que normalmente existen "buenas" razones de naturaleza psicológica para *cegarnos* a aquello que sentimos o tememos. La integridad y la confianza mutua pueden abrir el camino para eliminar esos bloqueos y ofrecerte una brillante vida social y una libertad interior de ser.

19. ¿Eres víctima de fatiga psicológica?

¿A menudo eres víctima de fatiga psicológica? Los psicólogos afirman que la mayor parte de nuestra fatiga brota de nuestras actitudes mentales y emocionales: "el cien por ciento de la fatiga de los trabajadores sedentarios que tienen buena salud se debe a factores psicológicos, es decir, factores emocionales", afirma el Dr. A. A. Bill, distinguido psiquiatra estadounidense. Los factores emocionales como el aburrimiento, el resentimiento, el sentir que no se nos aprecia, las prisas, la ansiedad, la preocupación, el sentir que todo es inútil, tienden a agobiar a las personas que trabajan sentadas y a hacer que sean susceptibles a resfriados, reducen su productividad y les causan dolores de cabeza por nerviosismo. Las pruebas de metabolismo muestran que la presión sanguínea de un cuerpo y el consumo de oxígeno de hecho se reducen cuando la gente está aburrida. Este tipo de tensiones nerviosas son una causa directa de fatiga corporal. La preocupación, la tensión y los trastornos emocionales son tres de las causas más importantes de fatiga; ante todo la tensión, por ser un hábito.

Verifica si eres el tipo de persona que pertenece a esta clase. Dedica unos momentos a la introspección y mira a tu interior para encontrar las respuestas a las siguientes preguntas. **Marca las afirmaciones con las que estés de acuerdo.**

En tus actividades diarias, a menudo…

P. 1. ¿Haces un esfuerzo consciente por relajarte mientras trabajas, relajando tu *mente* y tus *nervios* en lugar de relajar tus músculos?

P. 2. ¿Puedes sentirte a gusto y relajado(a) casi en cualquier lugar recordando escenas pintorescas y reconfortantes de tu paisaje favorito o una melodía tranquila que te obsesiona?

P. 3. ¿Decides transformar un trabajo aburrido en una actividad interesante compitiendo contigo mismo(a) para destacar en él?

P. 4. ¿Aceptas una tarea difícil con calma como un reto inspirador y no como una pesada carga?

P. 5. ¿Actúas (usando la imaginación) *como si* te interesara hacer lo que estás haciendo con la idea de que tu interés llegue a ser *real*?

P. 6. ¿Hablas contigo mismo(a) para darte ánimo (recordando las cosas por las que deberías estar agradecido(a) pues crees que esa es la esencia de una buena condición mental?

P. 7. ¿Crees en la filosofía de que "nuestra vida es lo que nuestros pensamientos hacen de ella"?

P. 8. ¿Recuerdas que el meditar con regularidad sobre Dios aleja a tu mente de tus preocupaciones y aligera el poder y la energía que hay en el interior de tu psique?

P. 9. ¿Intentas no comparar tus puntos favorables y tus desventajas con los de tus colegas?

P. 10. ¿Sonríes ante la crítica, recordando que la crítica injusta de tus habilidades a menudo es un cumplido disfrazado?

Cuenta el número de preguntas con las que estás de acuerdo y anótate un punto por cada respuesta **afirmativa**.

Interpretación

De 8 a 10 puntos: ¡Felicidades! Parece que estás muy versado(a) en el arte de hacer que cada día de tu vida sea más emocionante y satisfactorio. Posees la destreza de dar forma a tu mente y a tus emociones con el fin de realizar más trabajo y divertirte mientras trabajas. Eres experto(a) en evitar la tensión innecesaria y ahorrar energías a través de técnicas de relajación mental. El arte de transformar las tareas rutinarias en oportunidades estimulantes es tu sabio mecanismo para mantener alejados el aburrimiento y la fatiga. Lo que te enriquece mentalmente es una sólida filosofía de la vida y el hecho de que sabes cómo aprovechar la vida al máximo.

De 5 a 7 puntos: Tus esfuerzos por alcanzar la relajación mental y una actitud sana ante las tensiones de la vida te ayudan a conservar un justo equilibrio en tus energías mentales. Al descubrir tus fuerzas mentales ocultas, te llenas de un sentido positivo de satisfacción que te ayuda a luchar contra las tensiones, las preocupaciones y el síndrome de la fatiga que son parte de tu vida. Estás en el camino correcto y eso te mantiene avanzando.

De 1 a 4 puntos: Tienes que vencer tu aburrimiento, tu frustración y tu fatiga para alcanzar una sensación general de armonía y propósito. Tienes que descubrir qué es lo que te está convirtiendo en una ruina mental y lo que puedes hacer al respecto. Tienes que alterar tu enfoque a la pauta de tu vida y a las restricciones con que te topas cada día. Si sólo cobraras conciencia del hecho de que la causa de tu fatiga a menudo no es el trabajo sino la preocupación, la frustración y el resentimiento, te enfrentarías a la vida en forma diferente. Cuando aprendas las técnicas para el manejo de bloqueos mentales en forma más realista, los superarás rápidamente y tendrás una vida plena.

20. Analiza tu balbuceo mental

¿Estás consciente de las cosas que tienes a tu alrededor? ¿Siempre observas a las aves, las flores, al niño bonito que está en la esquina, al otro lado de la calle, al majestuoso sol del amanecer, mientras caminas suavemente sobre el césped cubierto de rocío durante tu acostumbrada caminata matinal? ¡Tal vez no! Resulta que la mayor parte del tiempo estás demasiado inmerso(a) en tu *monólogo mental* que ocurre de forma incesante en el interior de tu mente subconsciente. Es probable que escuches el balbuceo mental, una corriente interminable de palabras que fluyen por tu mente.

Al parecer expresas y vuelves a expresar opiniones, te evalúas y evalúas a los demás y haces comentarios sobre lo que está ocurriendo. Así como consumimos demasiados alimentos de un solo tipo, y no suficientes alimentos de otros tipos, la mente también consume demasiada comida chatarra del pensamiento. ¿Pasa mucho tiempo mascando chicle? ¿Te alimentas con demasiada grasa mental y ahora estás empezando a sentir que tu mente se está volviendo demasiado pesada y lenta? ¿El excesivo consumo de proteínas está añadiendo demasiadas calorías que no puedes eliminar? Son muy pocas las personas que logran mantener una dieta mental equilibrada.

Nuestros pensamientos dan forma al perfil psicológico de nuestra personalidad, o lo dañan. Si deseamos saber algo sobre alguien, tenemos que preguntar cuál es su "historia interior", como lo expresó el neurólogo Oliver Sacks. Bueno, responde a las siguientes preguntas para explorar los vastos panoramas y espectáculos que existen en el interior de tu mente y luego observa el vínculo que existe entre tus imágenes mentales y tus sentimientos.

Las palabras que oyes en tu mente, como parte de tu monólogo mental, a menudo expresan...

P. 1. ¿El reflejo de las opiniones de tus padres, maestros, amigos y también las opiniones que se expresan en los libros, en las revistas o en la televisión?

P. 2. ¿Tu antiguo hábito mental de recordarte lo que deberías haber dicho o hecho después de que pasa un momento crítico?

P. 3. ¿Tu hábito mental de etiquetar a las personas y clasificarlas por categorías, en comparación contigo mismo(a); por ejemplo "Ella es mandona", "Yo soy más bien introvertida"?

P. 4. ¿Una voz especialmente molesta en tu mente que repite ante todo pensamientos negativos o deprimentes?

P. 5. ¿Ante todo instantáneas mentales de recuerdos y vívidas memorias flotantes llenas de nostalgia de experiencias de tu primera infancia, de amigos cercanos, valles verdes, el primer día que fuiste a la escuela, una caminata en la nieve o bajo la lluvia, tu primer viaje, etcétera?

P. 6. ¿Sueños que se entretejen y que te agradan dentro del contexto de tu mundo personal de fantasía?

P. 7. ¿Imágenes visuales sobre todo de los sucesos del día?

P. 8. ¿Ante todo planes y expectativas relacionados con el futuro, y que enmarcan tu sentido del contexto en que vives?

P. 9. ¿Ideas creativas llenas de estilo, nuevas perspicacias, inspiraciones y saltos creativos de la imaginación?

P. 10. ¿Un mórbido patrón de pensamiento que acaba debilitando tu vitalidad y creatividad mentales?

P. 11. ¿Tus esfuerzos por estimular tus sentidos internos para que se vuelvan más vívidos; yendo más allá de las imágenes rutinarias y tratando de visualizar lo extraño y lo inesperado?

P. 12. ¿Tus esfuerzos para hacer tu propio mundo interior tan grande como deseas que sea?

P. 13. ¿Imágenes mentales que te llenan de frescura, vitalidad y vida, y te hacen creer que la persona más feliz del mundo es aquella que tiene "los pensamientos más interesantes"?

P. 14. ¿Constantemente haces copias al carbón de lo que escuchas, ves, hueles, saboreas y percibes con los sentidos?

Interpretación

Categoría A (Preguntas 2, 5, 6 y 8): Personalidad soñadora, imaginativa, sentimental, artística, sensible, reflexiva, introvertida, pensativa.

Categoría B (Preguntas 3, 4 y 10): Personalidad obstinada, meditabunda, pesimista, inestable, sensitiva.

Categoría C (Preguntas 9, 11, 12 y 13): Personalidad confiada, creativa, expresiva, inteligente, extrovertida, relajada, ingeniosa, imaginativa, aventurera, ambiciosa, adaptable, serena.

Categoría D (Preguntas 1, 7 y 14): Personalidad analítica, organizada, sintetizadora, observante, práctica, determinada, enérgica, tradicional, obediente.

21. ¿Eres un triunfador o una triunfadora?

En el trabajo, ¿estás siempre activo(a)? ¿Buscas tareas nuevas y logras tus metas? ¿O encuentras que pones excusas y no eres capaz de entregar lo que se te pide? Es posible que te falte motivación. Las investigaciones psicológicas han revelado que la motivación es un tema clave en la psicología del trabajo. La respuesta a preguntas como: "¿Cómo puedo hacer que mi gente trabaje con más ahínco?, a menudo está en su nivel de motivación.

Una fuerza de motivación es la razón que tiene una persona para hacer algo. Por lo tanto, se relaciona con factores que impulsan o incitan a la persona a comportarse en cierta forma. Esto a su vez tiene una relación directa con el enfoque a la motivación que se basa en necesidades.

La necesidad de triunfo o de realización personal tiene que ver con el deseo a superar obstáculos, de ejercer el poder y de esforzarse por hacer algo difícil, y hacerlo al máximo de la habilidad. Esto formaba el fundamento de la teoría de trabajo de motivación (Mc. Clelland, 1961), que afirma que incrementar la necesidad de una población por triunfar es esencial para la prosperidad económica de un país.

La realización personal, que Maslow consideraba el nivel más alto de crecimiento humano y organizacional, puede identificarse en ciertas dimensiones, ya que sólo muy pocas personas tienden a actuar a ese nivel.

Examina las siguientes preguntas para ver si tú lo haces, y para ver si la descripción que presenta Maslow de una persona plenamente funcional coincide con la tuya.

P. 1. ¿*Percibes a las personas y a los sucesos con precisión*, sin interferencia indebida de tus propias percepciones? (Sí/No)

P. 2. ¿*Te aceptas y aceptas a otros,* incluyendo imperfecciones, pero tratas de mejorar cuando es posible? (Sí/No)

P. 3. ¿*Tiendes a ser espontáneo(a),* en especial en tus pensamientos y sentimientos? (Sí/No)

P. 4. ¿*Te concentras en problemas externos a ti,* en lugar de actuar con inseguridad y ser introspectivo(a)? (Sí/No)

P. 5. ¿*Tiendes a ser autónomo(a),* y a seguir siendo sincero contigo mismo(a) a pesar de la presión por ser conformista? (Sí/No)

P. 6. ¿*Tiendes a ser imparcial* de modo que los malos momentos no te desvían demasiado del camino? (Sí/No)

P. 7. ¿*Aprecias las cosas buenas y hermosas,* aunque te sean familiares? (Sí/No)

P. 8. ¿*Tienes experiencias pico* de emociones positivas intensas que a veces tienen una cualidad mística? (Sí/No)

P. 9. ¿*Tienes relaciones cercanas,* pero sólo con pocas personas elegidas con cuidado? (Sí/No)

P. 10. ¿*Respetas a otros,* evitas burlarte de ellos y los evalúas de acuerdo con sus cualidades internas, y no por su raza o su clase social? (Sí/No)

P. 11. ¿Tienes estándares morales firmes, y un sentido de lo que está bien y lo que está mal, aunque tu concepto sea diferente del de muchas otras personas? (Sí/No)

P. 12. ¿*Tiendes a ser creativo(a);* es decir, tienes una mente abierta y tienes apertura hacia tu experiencia, viendo las cosas en formas innovadoras y llegando a nuevas conclusiones a partir de la información con que cuentas? (Sí/No)

Cuanta un punto por cada respuesta **afirmativa**.

Interpretación

De 9 a 12 puntos: El fundamento de la ética de tu trabajo es la motivación para triunfar, que se basa en creer que el desempeño es "bueno" en sí. Prefieres tareas desafiantes y buscas la excelencia, lo que significa que tienes un deseo de trabajar al máximo de tu habilidad. Eres ágil y vibrante, aspiras a ascender en jerarquía a través de una competencia sana con tus semejantes y con tus colegas. Posees cualidades de liderazgo en tu enfoque al trabajo.

De 5 a 8 puntos: Tienes suficiente motivación y apertura hacia tu experiencia. Tienes confianza en ti mismo(a) y conoces los medios para alcanzar tus metas. Tratas de elegir tareas moderadamente difíciles pero realistas, con el fin de asegurar el éxito en tu trabajo.

De 1 a 4 puntos: Parece que no puedes librarte de la tiranía de tus bloqueos interiores pues evitas un esfuerzo sincero o una verdadera prueba de tu habilidad. Tu clima emocional de fracaso obstaculiza tu nivel de éxito. Es recomendable que hagas un poco de introspección y establezcas metas realistas en las que puedas tener éxito. El sentido del éxito tendrá un papel importante en lograr cambios en el estilo de tu manera de pensar.

22. Tu perfil de aprendizaje

La investigación psicológica ha examinado diversos principios básicos que ayudan a explicar cómo la experiencia afecta el comportamiento de todos los organismos, incluyendo a los seres humanos. Los psicólogos consideran que estos efectos sobre el comportamiento constituyen un *aprendizaje*. Aprendemos a partir de nuestras interacciones directas o indirectas con el mundo que nos rodea.

Es indudable que el aprendizaje es un proceso clave en el comportamiento humano y parece tener un papel importante virtualmente en cada actividad que llevamos a cabo: desde dominar complejas destrezas hasta enamorarnos. Las diferentes personas utilizan diferentes modalidades de aprendizaje. Algunas tienden a aprender usando el enfoque de la experimentación activa, mientras que otras se sienten más cómodas con su estilo de aprender a base de observación reflexiva. Estos enfoques, no obstante, reflejan diferentes tipos de personalidad con sus característicos perfiles de aprendizaje.

A continuación se describen varias categorías de los enfoques que se usan para aprender. Cada categoría comprende cuatro adjetivos. Asigna 4 puntos al objetivo que *mejor* caracteriza tu enfoque distintivo hacia el aprendizaje. Asigna 1 punto al adjetivo que *menos* exprese tu enfoque al aprendizaje. De manera similar, asigna 3 o 2 puntos a los adjetivos que parecen seguir en la jerarquía de importancia relativa en lo que concierne a tu mecanismo de aprendizaje.

Categoría A: Instintivo, orientado al sentimiento, orientado al presente, orientado a la experiencia.

Categoría B: Sensitivo, reflexivo, perceptivo, transparente.

Categoría C: Analítico, evaluativo, orientado al futuro, teórico.

Categoría D: Basado en la práctica, experimental, arriesgado, orientado a la aplicación.

Suma los puntos asignados a cada adjetivo en cada categoría por separado para averiguar cuál es tu categoría dominante.

Interpretación

Categoría A: Experiencia concreta

Tiendes a usar al máximo la experiencia concreta en tus situaciones de aprendizaje. Eres práctico(a) en tu vida personal. Tomas cada día según llega y te gusta vivir en el presente. Tus interacciones con tus semejantes son receptivas y orientadas a la experiencia. Pareces ser una persona definitivamente realista y crees en el realismo concreto.

Categoría B: Observador reflexivo

Eres una persona que observa y reflexiona, haciendo uso de la observación sensible y de una comprensión perceptiva mientras aprendes. A menudo encuentras situaciones en las que adquieres nueva información, formas de comportamiento o incluso reglas y conceptos abstractos, a partir de observar a las personas. Ese aprendizaje, basado en la observación, es una parte común de tu vida cotidiana y tiene un papel importante en casi cada aspecto de tu comportamiento. Te agrada admirar modelos que son vitales para dar forma a tus patrones de conducta. Por lo tanto, parece que aprendes en forma indirecta, observando las acciones de otros y las consecuencias que ellos experimentan.

Categoría C: Conceptualizador abstracto

Al perecer eres un conceptualizador abstracto y utilizas tu capacidad analítica para categorizar y evaluar el campo de la teoría. Tus destrezas intelectuales y lógicas hacen que seas racional y te orientes hacia el futuro en tu enfoque hacia el aprendizaje.

Categoría D: Experimentador activo

Tiendes hacia la experimentación activa. Tu enfoque hacia el aprendizaje se basa en la práctica y en la experimentación, y se orienta hacia la aplicación. Tienes una mente curiosa que hace preguntas que desea tener éxito y es activa, decisiva y responsiva. Te agrada participar activamente en pruebas, experimentos, aplicación y riesgos, con el fin de alcanzar una meta en una situación de aprendizaje.

23. ¿Qué tanta confianza tienes?

Muchos de los pensamientos, motivos y recuerdos que afectan nuestro comportamiento son inconscientes, de modo que no siempre nos damos cuenta de en qué se basa nuestro comportamiento. Un examen personal de tales tendencias lleva a un diagnóstico y a una cura de varios males psicosomáticos que brotan primordialmente de nuestras fijaciones y desajustes que son parte de nuestro *inconsciente colectivo*. Uno de esos trastornos son los sentimientos de inadecuación que son el resultado de la falta de confianza en nosotros mismos.

A continuación aparece una serie de preguntas que podrían ayudarte a medir tu nivel de confianza en ti mismo(a) y de seguridad psicológica de tu propio ser. **Responde cada pregunta con Sí o No y descubre esa faceta oculta de tu psique, lo que es de gran valor en esta era de fuerte competencia y de especialización.**

Con frecuencia tiendes a...

P. 1. ¿Culparte cuando las cosas salen mal? (Sí/No)

P. 2. ¿Cruzar la calle para no encontrarte con alguna persona conocida? (Sí/No)

P. 3. ¿Sentir inseguridad contigo mismo(a)? (Sí/No)

P. 4. ¿Sentir timidez y se te dificulta lograr algo cuando alguien te está observando? (Sí/No)

P. 5. ¿Permanecer en segundo plano en reuniones sociales? (Sí/No)

P. 6. ¿Sentirte mal si tienes que entrar a una sala llena de gente que está sentada? (Sí/No)

P. 7. ¿Sentir frustración si no puedes hacer lo que deseas? (Sí/No)

P. 8. ¿Afectarte mucho el que mucha gente te alabe o te culpe? (Sí/No)

P. 9. ¿Sentir aburrimiento la mayor parte del tiempo? (Sí/No)

P. 10. ¿Sentir que ningún obstáculo puede impedir que alcances tus metas? (Sí/No)

P. 11. ¿Sentir que eres físicamente inferior a otros? (Sí/No)

P. 12. ¿Ser capaz de ajustarte rápidamente a una nueva situación? (Sí/No)

P. 13. ¿Resolver las cosas por ti mismo en lugar de que otra persona te indique cómo hacerlo? (Sí/No)

P. 14. ¿Dominar a otros? (Sí/No)

P. 15. ¿Ocuparte en cosas que te interesan? (Sí/No)

P. 16. ¿Sentir que es difícil para ti tomar decisiones? (Sí/No)

P. 17. ¿Sentir que es difícil para ti expresar tus emociones? (Sí/No)

P. 18. ¿Sentirte insatisfecho(a) contigo mismo(a)? (Sí/No)

Asigna un punto por cada respuesta **afirmativa** a todas las preguntas, excepto la 10, 12, 13, 14 y 15.

Interpretación

De 1 a 6 puntos: Tienes tendencias innatas a interesarte ante todo por el mundo exterior. Tienes apertura y confianza, pareces tener seguridad en ti mismo(a) y en tus actividades, y cuentas con un alto nivel de estimulación. Eres una persona psicológicamente saludable que disfruta la vida al máximo. Confías en tus propios sentimientos y no permites que los estándares de la sociedad determinen tus sentimientos o tus acciones en grado excesivo.

De 7 a 12 puntos: Tu enfoque y tus acciones muestran que tienes confianza en ti mismo(a) y están bajo el total dominio de impulsos constructivos. Estás en contacto con tus propios valores y sentimientos, y experimentas la vida con mayor profundidad que la mayoría de las personas. Vives más íntimamente con tus propios sentimientos de dolor, pero también tienes un contacto vívido con tus sensaciones de éxtasis.

De 13 a 18 puntos: Al parecer existe un enorme vacío entre tu concepto de ti mismo(a) y la realidad. Estos vacíos indican un desajuste psicológico y desdicha personal. Tiendes a aceptar, y aceptas, retroalimentación negativa por parte de otros. Como todos tenemos un área de excelencia, la clave para una existencia productiva y confiada es descubrir tu área específica de excelencia y dedicarte a ella con constancia. Si lo haces, te sentirás muy bien y serás muy eficiente.

24. ¿Eres del tipo ansioso?

Los sentimientos de ansiedad, miedo, tensión o terror nos abruman a todos en uno u otro momento. Si estos sentimientos llegan a ser muy intensos y persisten durante largos periodos, producen efectos dañinos que duran toda la vida. Estos trastornos de ansiedad se manifiestan en diversas formas. Conoce tu nivel de ansiedad respondiendo Sí o No a las siguientes preguntas. **Marca las preguntas con las que estés de acuerdo.**

P. 1. ¿Te sientes muy molesto(a) ante la crítica?

P. 2. ¿La preocupación no te deja dormir?

P. 3. ¿Te sientes molesto(a) a causa del menor ruido?

P. 4. ¿Te sientes algo incómodo(a) al conocer a una persona del sexo opuesto?

P. 5. ¿Te sientes incómodo(a) en un vehículo que avanza a gran velocidad?

P. 6. ¿Consideras que la vida es una carga y una tensión?

P. 7. ¿Te sientes incómodo(a) si tienes que esperar algo?

P. 8. ¿Temes que vas a perder a la persona que amas?

P. 9. ¿Sospechas que no cerraste adecuadamente con llave la puerta de tu casa?

P. 10. ¿Se te dificulta olvidar, si cometes torpes errores sociales?

P. 11. ¿A menudo te preocupas por tu salud?

P. 12. ¿Tienes sentimientos de soledad aunque estés en un grupo?

P. 13. ¿Sufres a causa de sentimientos de incertidumbre con respecto a ti mismo(a)?

P. 14. ¿Sientes que este mundo y la existencia humana no significan nada?

P. 15. ¿Sientes mucha tensión y nerviosismo en una situación difícil?

Interpretación

De 11 a 15 puntos: Las ansiedades que tiendes a experimentar carecen de enfoque y no se centran en un hecho, situación u objeto específico. Al parecer, el terror te abruma la mayor parte del tiempo y en muchos entornos. Eres una persona nerviosa y pasas gran parte del tiempo preocupándote. Tus preocupaciones van más allá de la inquietud normal que toda la gente experimenta como parte de la vida diaria. Tiendes a inquietarte durante mucho tiempo por tus errores del pasado y por los posibles desastres del futuro. Es probable que te sea difícil tomar decisiones porque temes que podrías cometer errores. Es posible que te dominen ataques de pánico que incluyen intensos sentimientos de terror, como fuertes latidos del corazón, mareos o temblores.

De 6 a 10 puntos: La mayor parte del tiempo tiendes a sufrir a causa de pensamientos aterradores, y experimentas el impacto de pensamientos negativos, como conflictos internos, depresión, confusión mental y ansiedad. A menudo te domina un miedo vago que incluye el temor a que se presente un peligro no específico, acompañado de una leve ansiedad, y eso parece estar fuera de tu control. Pareces ser especialmente sensible a la presencia de estímulos potencialmente amenazadores.

De 1 a 5 puntos: Eres una persona confiada y bien adaptada; posees un aire de seguridad personal. No te afectan las fuerzas opuestas que te rodean, pues tienes la destreza y el arte de vivir con poder. Es posible que tengas éxito en tus actividades y que crezcas intelectualmente con cada año de tu vida que pasa.

25. ¿Conoces tus preferencias e inclinaciones?

El estar conscientes de nosotros mismos tiene un inmenso valor. Oliver Wendell Holmes afirma: "Lo que hay detrás de nosotros y lo que se encuentra frente a nosotros son minucias si se les compara con lo que hay en nuestro interior". Por lo tanto, cuanto mayor sea el vacío que existe entre el concepto que la persona tiene de sí misma y la realidad, más deficiente es la adaptación psicológica de la persona. Cuanto más conocimiento tengamos de nosotros mismos, mejores serán las elecciones que hagamos en muchos contextos, y mejor se podrán predecir nuestras reacciones a numerosos sucesos y situaciones. Existen varias teorías sobre la personalidad que afirman estos mismos hechos. ¡Bueno! ¿Qué tanto te conoces en lo relacionado con tus preferencias, elecciones e inclinaciones naturales? Responde el cuestionario que aparece a continuación y haz que la psicología sea parte de tu vida obteniendo mayor perspicacia en lo que concierne a tu yo interno. Después de cada palabra aparece un par de palabras entre paréntesis. **En cada par, elije la palabra que llegue a tu mente con mayor naturalidad y espontaneidad. ¡Hazlo con rapidez y espontaneidad!**

1. Expedición [(a) Cautela (b) Aventura]
2. Fiesta [(a) Monotonía b) Diversión]
3. Templo [(a) Aburrimiento (b) Espiritualidad]

4. Amistad	[(a) Envidia	(b) Sinceridad]
5. Mente	[(a) Confusión	(b) Paz]
6. Trabajo	[(a) Monotonía	(b) Logros]
7. Belleza	[(a) Engaño	(b) Inspiración]
8. Amor	[(a) Desilusión	(b) Felicidad]
9. Vida	[(a) Lucha	(b) Crecimiento]
10. Viaje	[(a) Gastos	(b) Emoción]

Anota un punto par cada respuesta afirmativa en las palabras marcadas con (b) en los pares de palabras que están entre paréntesis.

Interpretación

De 7 a 10 puntos: Te atrae el aspecto más positivo de la vida y por eso tienes una actitud alegre y llena de luz. Tu apertura mental, tu actitud agradable y tu naturaleza servicial hacen que seas una persona popular a quien muchos buscan. Al tener un gran entusiasmo y ánimo para lograr lo que deseas, te adaptas muy bien al mundo que te rodea. Al parecer eres una persona altamente imaginativa y dedicada.

De 5 a 6 puntos: Existe una tendencia predominante hacia el optimismo y hacia lo positivo en tu enfoque hacia la vida. Tiendes a confiar en otros y tienes una disposición afable. La característica de tu personalidad es la apertura a la experiencia.

De 1 a 4 puntos: Al parecer sufres agudamente debido a sentimientos de negativismo y pesimismo. A menudo percibes lo que sucede a tu alrededor como una amenaza o como un reto potencial. Por lo general no eres capaz de disfrutar las sutilezas de la vida debido a tu naturaleza crítica y práctica. Trata de ser más optimista y cultiva el amor a esos pequeños privilegios de la vida que hacen que valga la pena vivirla.

26. Tu cociente de culpa

La mayoría de las personas estamos sujetas a sentimientos de culpa. A menudo tendemos a sufrir a causa de esos sentimientos sin estar consciente de ellos en absoluto. Y además, esos constantes sentimientos de culpabilidad no expresados, que brotan de nuestras malas acciones del pasado, tienen una relación directa con nuestros problemas de comportamiento actuales. Roy Baumeister, que estudió la culpabilidad en 1991, descubrió que el estadounidense promedio se siente culpable aproximadamente dos horas diarias. Como explica Georgia Witkin, directora del programa de estrés en el Centro Médico Monte Sinaí de Nueva York, si uno no es capaz de manejar su complejo de culpa en forma adecuada, la culpabilidad de la que no puede liberarse puede producir un estrés intenso a partir del cual puede debilitarse el sistema inmune. Esto a su vez produce trastornos psicosomáticos. Este es un cuestionario que contiene ciertos indicadores del complejo de culpa. **Averigua si tú eres víctima de este complejo, incluso remotamente. Marca las preguntas a las que responderías afirmativamente.**

P. 1. ¿Hay personas en tu vida que pueden manipularte y lanzarte a un paroxismo de culpabilidad?

P. 2. ¿Aceptas el hecho de que no eres lo suficientemente poderoso(a) como para controlar todo lo que pasa y que por lo tanto, esperar la perfección en ti es algo imposible de lograr?

P. 3. ¿Puedes establecer tus propios estándares y decidir que vas a controlar tu propia vida?

P. 4. ¿Puedes hablar abiertamente con otros sobre tus áreas de culpabilidad, confesarlas y revelarlas libremente?

P. 5. ¿Puedes darte crédito cuando haces algo bien que es digno de elogio?

P. 6. ¿Normalmente cuentas tus bendiciones y das gracias a Dios por lo que tienes?

P. 7. ¿Por lo general te perdonas por tus errores y tratas de actuar lo mejor posible?

P. 8. ¿A menudo te sientes culpable y derrotado(a) ante tu comportamiento, pues te sientes culpable pensando que tu éxito es la causa de que otros fracasen?

P. 9. ¿A menudo experimentas una sensación de culpabilidad sin causa aparente?

P. 10. ¿A menudo reparas el daño causado por tus errores del pasado mediante pasos constructivos que lo remedian, y aplicas estos pasos a tu situación presente, en lugar de sentirte mal por el remordimiento de conciencia?

P. 11. ¿Consideras que tus áreas de culpa son hitos importantes en tu vida a partir de los cuales aprendes a actuar con cautela, a controlar y a dirigir los acontecimientos futuros de tu vida?

P. 12. ¿A menudo recuerdas con arrepentimiento cosas que hiciste en tu infancia?

Asigna un punto a cada pregunta con respuesta afirmativa, excepto las preguntas 1, 8, 9 y 12.

Interpretación

De 9 a 12 puntos: Al parecer tienes una manera de pensar sana y equilibrada que tiene como recompensa una alta productividad.

Es obvio que tu concepto de ti mismo(a) está libre de bloqueos mentales y de culpabilidad reprimida. Tu manera de pensar moldea tu psique y afecta tu bienestar en la vida. El efecto positivo de tu pauta de pensamiento fortalece tu capacidad de asumir riesgos y tu nivel de confianza, pues como afirman las investigaciones, nuestros sentimientos de tiempo presente pueden tener una fuerte influencia sobre diversos aspectos cognoscitivos, y ellos a su vez pueden ejercer influencia en nuestra vida.

De 5 a 7 puntos: Los mapas cognitivos de tu marco de referencia mental revelan que tienes una buena capacidad para razonar sobre lo correcto y lo incorrecto de tus acciones. Tu estilo emocional indica que existe un buen equilibrio entre tu salud psicológica y tus reacciones fisiológicas a los estímulos externos. Enfrenta las lagunas problemáticas de tu comportamiento superando tu sentido latente de culpabilidad con una introspección lógica y racional que compense estas lagunas, y mediante acciones relevantes.

De 1 a 4 puntos: Parece que, a lo largo de las horas del día, sufres intensamente en lo profundo de tu ser debido a remordimientos de conciencia, lo que debilita y daña tu condición mental al igual que el sistema inmunológico de tu cuerpo. Identifica tus áreas de culpabilidad con imparcialidad, las áreas en las que existe inseguridad, como el trabajo, tus hijos, tus familiares o tus colegas. Averigua si no padeces a causa de una *falsa culpabilidad* y reduce el poder de las personas que hacen que te sientas culpable de cosas que no están bajo tu control. Acepta tus malas acciones, si es que las hay, y establece tus estándares decidiendo que "tú vas a ser quien controle tu vida", como lo proclamó Wayne Dyer, autor de **Manifiesta tu destino**.

Habla abiertamente de tus bloqueos de culpabilidad, ya que la culpabilidad tiende a incrementarse si se guarda en secreto. Ríete de ellos con tus amigos íntimos y date cuenta de la poca importancia que la mayoría de esos bloqueos pueden tener. Elabora un plan de acción constructivo para combatirlos y repara los daños causados por tus acciones si es necesario. En esta forma aprenderás de tus errores del pasado, y podrás llegar a estar orgulloso(a) de tus acciones.

27. Conoce tu aura

El aura humana es un halo invisible que rodea el semblante. La presencia de un aura brillante tiene extraños poderes que manifiestan las personas de carácter fuerte. Esto explica por qué a menudo sentimos una atracción o repulsión instintiva hacia otras personas, y a menudo no podemos encontrar razones específicas para esta atracción o repulsión. No obstante, la atracción y la repulsión definitivamente reflejan armonía o falta de armonía entre las auras de las personas. El juego invisible del aura explica por qué algunas personas son fuente de inspiración y de poder personal. Influyen en todos los que se acercan a su esfera de influencia: el médico, el actor, el músico, el escritor, el político que tienen éxito, y muchas otras personas que se dice poseen personalidades magnéticas y carismáticas.

Como lo expresa el Dr. Coates en su famoso libro, **Magnetismo humano,** una de las ramas más intrigantes de la parapsicología y las ciencias ocultas es el estudio del aura, una sutil emanación magnética que genera el etéreo y otras fuerzas del ser u objeto con el que está relacionada. Otra dimensión interesante del aura es su color. Lo brutal y lo refinado, lo sensible y lo insensible, lo colérico y lo plácido, tienden a manifestarse en los diferentes c olores y tonos de las auras que reflejan la disposición y el carácter de la gente. Las personas diestras que han recibido entrenamiento en este arte en particular, pueden interpretar eficientemente el aura que rodea el rostro (que varía desde el tipo de aura muy claro hasta el tipo opaco y borroso). Se puede atribuir un perfil de personalidad específico a cada color del aura, pues cada color indica un tipo determinado de personalidad. Responde a las siguientes preguntas que abarcan once perfiles de personalidad los cuales se relacionan con once colores del aura. Intenta identificar el color de aura correcto (entre las alternativas que aparecen en paréntesis) que corresponde a cada perfil de personalidad. Después de responderlo todo, mira las respuestas correctas al final del cuestionario.

Perfiles de Personalidad

P. 1. Un símbolo de la vida, este tipo significa fuerza y vitalidad. Estas personas tienden a tener la fuerza física, mente y voluntad fuerte y por lo general tienen un punto de vista materialista ante la vida. Manifiestan una naturaleza muy cálida y afectuosa, rebosan de amor apasionado, valentía, odio, venganza, etc. Si su aura es clara y brillante, refleja generosidad, ambición loable y magnetismo (color del aura: azul, verde, púrpura, rojo).

P. 2. Simboliza las cualidades del alma, el pensamiento y la concentración mental; la presencia del intelecto, del optimismo y la espiritualidad. (Color del aura: verde, rojo, azul, amarillo.)

P. 3. Un tono opaco de este color indica egoísmo y orgullo, mientras que un tono más brillante y claro indica salud y vitalidad; es una persona enérgica, dominante y muy alerta. (Color del aura: gris, índigo, negro, naranja.)

P. 4. Simboliza el individualismo, la energía, el ego, el crecimiento y un efecto refrescante. En su mayoría, estas personas han alcanzado la prosperidad y el éxito en la vida y son por naturaleza animadas, versátiles, consideradas y adaptables. (Color del aura: azul, rosa, café, verde.)

P. 5. Representa inspiración; el color espiritual. En China y Japón se considera que este es el color de la fortuna. Simboliza una naturaleza artística y armoniosa y la comprensión espiritual. El tono brillante representa confianza en uno mismo, fe, lealtad y sinceridad. (Color del aura: rojo, plata, café, azul.)

P. 6. El aura más espiritual, de hecho, prácticamente no pertenece a nadie en el plano terrenal, sino a los seres espirituales de altas esferas. Indica verdadera grandeza y valía, amor generoso y sabiduría; también simboliza el idealismo trascendental. (Color del aura: verde, azul, rojo, violeta.)

P. 7. El color místico que refleja un tipo de carácter tranquilo, refinado y modesto, totalmente opuesto al carácter de las personas dogmáticas y agresivas. A estos individuos les agrada la belleza y los entornos artísticos. Manifiestan una gran devoción duradera. (Color del aura: café, azul, gris, rosa.)

P. 8. La personalidad volátil y vivaz, pero poco fidedigna. Versátil, activa y talentosa en todo lo relacionado con el movimiento, el habla, los viajes, etc. Por lo tanto, tiende a involucrarse en todos los oficios y profesiones pero no se especializa en ninguna. Indeciso, incoherente y de estado de ánimo cambiante. (Color del aura: negro, verde, rosa, plata.)

P. 9. Capacidad para una administración ordenada. El aura del hombre de negocios. No es emotivo y tiene una mente tipo tradicional, ambicioso, perseverante y detallista. En ocasiones predomina el egoísmo, el instinto por arrebatarlo todo. (Color del aura: rojo, verde, azul, café.)

P. 10. Amor innato hacia lo convencional y lo formal; una mente burocrática. Le falta imaginación, tiende a la estrechez mental; a veces muestra crueldad y torpeza. Es el tipo de persona perseverante y laboriosa que no deja una tarea sin realizar.

P. 11. Desde la antigüedad se le relaciona con acciones oscuras y demoníacas; por lo tanto siempre representa la maldad y lo maligno. Indica odio, discordia y todo tipo de pensamientos malignos. (Color del aura: rojo, amarillo, azul, negro.)

Respuestas correctas

1. Rojo	2. Amarillo	3. Naranja	4. Verde
5. Azul	6. Violeta	7. Rosa	8. Plata
9. Café	10. Gris	11. Negro	

28. ¿Eres un individuo que se dirige a sí mismo?

En todo el mundo hoy en día, la gente busca una odisea de libertad. Gran parte de la insatisfacción que se vive en muchos países se refleja en el deseo de las personas por mayor libertad y en las oportunidades económicas que ven en sociedades más avanzadas, lo explica Erich Fromm, un distinguido psicólogo. Ejercer nuestra libertad positiva significa enfrentarnos a la necesidad de la toma de decisiones en nuestra vida, en especial las decisiones que dan forma a nuestro destino.

A menudo, tiene que tomarse la decisión de crecer y de desarrollar nuestro potencial a pesar de los peligros implícitos en los riesgos que enfrentamos, y por lo tanto se requiere valentía para afirmarnos como personas y afirmar nuestras posibilidades a pesar de los riesgos. Este tema se trata en las obras de psicólogos como Carl Rogers. Es interesante que un número sorprendente de personas altamente exitosas hayan vivido incidentes de comportamiento delictivo en el pasado; tal vez eso ocurrió porque en esa época ellas solían correr riesgos.

Las investigaciones muestran que habitualmente reprimimos o negamos la tendencia inherente al crecimiento que existe en el organismo humano en sí, y tendemos a ser incapaces de adaptarnos a las circunstancias. Maslow observó que muchos de los trastornos característicos de nuestros tiempos, como "la persona atrofiada", "la persona amoral" o "la persona apática", son el resultado de la falta fundamental de crecimiento. Por fortuna para nosotros, nuestra época nos ofrece un entorno favorable, a pesar de los peligros que implica, para hacer realidad nuestra libertad positiva, lo que a su vez intensifica los retos de dirigirnos a nosotros mismos. Hoy en día el énfasis está en dar forma a nuestro entorno para responder a nuestras necesidades y alcanzar nuestras metas.

Este cambio de valores no debería verse como un mero incremento en la tendencia a centrarse en uno mismo o en la falta de moderación: los excesos de la "civilización centrada en el yo", como afirman los críticos. Pero como explica Yankelovich, el incremento en la tendencia de centrarse en uno mismo podría ser una característica incidental de la fase de transición de las reglas antiguas a una síntesis de lo nuevo y lo antiguo. Esta nueva transición se basa en el deseo de realización personal y el énfasis en los derechos individuales, con un mayor nivel de conciencia y de expresión de nuestras necesidades y deseos, unida a la renuencia a reprimir nuestros impulsos y ser fieles a un nuevo principio moral: "Tengo un deber conmigo mismo".

Verifica dónde te encuentras en cuanto a tu necesidad de realización personal, señalando si estás o no de acuerdo con las siguientes afirmaciones. **Marca las afirmaciones con las que estés de acuerdo.**

P. 1. Dedico gran parte de mi tiempo a pensar en mi persona.

P. 2. Se obtiene satisfacción puliéndonos como personas, y no a partir del hogar y la vida familiar.

P. 3. Es importante ser culto y educado.

P. 4. Tengo una gran necesidad de "nuevas experiencias".

P. 5. Creo que las personas deberían tener la libertad de verse, vestirse y vivir como lo desean.

P. 6. Siento la necesidad de encontrar más emociones y sensaciones.

P. 7. Prefiero gastar en viajes y no en posesiones.

P. 8. Me gusta buscar nuevos alimentos y sabores.

P. 9. Estaría dispuesto(a) a recibir psicoterapia.

P. 10. Quiero destacar en mi actividad profesional.

P. 11. Quiero trabajar para obtener algo significativo.

P. 12. Deseo que me quede tiempo y energía para dedicarme a mis intereses personales.

P. 13. Prefiero tener una vida más creativa a tener bienestar financiero.

P. 14. El mejoramiento personal es importante para mí y trabajo con ahínco para lograrlo.

P. 15. Evito la comida chatarra.

Asigna un punto a cada afirmación con la que estés de acuerdo.

Interpretación

De 11 a 15 puntos: Crees firmemente en el nuevo pacto de dar y recibir, que se basa en la búsqueda de la realización personal y en los derechos individuales. La búsqueda de la realización lleva a la sensación interna de que la vida también debería ser una aventura interesante, y no sólo una lucha por sobrevivir. Buscas experiencias "nuevas" y "emocionantes" y consideras que el pecado más grave es aburrirte. Esta característica te ayuda a tener más seguridad en ti mismo(a). El hecho de prestar mayor atención al ámbito de los deseos personales genera, a su vez, una espiral de expectativas, y los deseos se convierten fácilmente en "necesidades" o en derechos. Tu búsqueda de la creatividad hace de ti una persona de gran imaginación que no se conforma con una existencia mundana. Eres una persona independiente y capaz de tomar decisiones que disfruta la aventura y el cambio.

De 6 a 10 puntos: Eres una de esas personas que aceptan responsabilidad por su vida y analizan cuidadosamente las alternativas disponibles. Pero también mantienes los ojos abiertos y tienes el valor de admitir cuando vas mal y necesitas cambiar. Eres una persona bastante autónoma que se resiste a la tentación de caer en una "fobia a tomar decisiones", y tomas una decisión importante tras otra para conservar tu integridad personal, enfrentándote a menudo a obstáculos abrumadores en la opresiva sociedad de nuestros días.

De 1 a 5 puntos: La ambigüedad de la libertad humana parece desconcertarte cuando estás tomando decisiones importantes en la vida; por ejemplo, quién quieres ser y cómo quieres vivir tu vida. Tal vez encuentres que sientes ansiedad y te paralizas cuando debes tomar decisiones importantes, lo que se conoce como "fobia a tomar decisiones". En lugar de elegir cómo dar, parece que simplemente te mueves a la deriva, ya sea viviendo de acuerdo al status quo o alejándote, como lo hacen aquellos cuya vida no se guía por vínculos personales, códigos, tradiciones ni por un propósito importante. Al parecer presupones un consenso, y a menudo nunca lo cuestionas. En esta era democrática en la que existe un creciente reto relacionado dirigir nuestra propia vida, debes cultivar la necesidad de aprender más sobre ti mismo(a) y sobre el mundo como un medio para dirigir tu vida con mayor eficacia y más dinamismo.

29. ¿Puedes contrarrestar el estrés?

En la era moderna de paso febril, angustioso y rápido, gran parte de nuestra civilización experimenta un alto nivel de estrés en uno u otro momento. El estrés se ha convertido en una de las mayores causas directas o indirectas de ataques cardiacos, cáncer, problemas pulmonares, lesiones accidentales, cirrosis hepática y suicidio. El estrés parece haberse convertido en el precio que debe pagarse por ser afluente y tener éxito. El número de personas de altos ingresos que padece tensión y estrés es el doble del número de personas de bajos ingresos que los padecen. Además, cuanta mayor sea la preparación académica de la persona, son mayores las posibilidades de que padezca estrés.

Muy a menudo, el estrés se basa en gran medida en *la forma* en que respondemos a los sucesos, no a los sucesos en sí. Cada uno de nosotros reacciona ante el estrés en forma diferente, incluso ante la misma forma de estrés. Existe una variedad de formas en que podemos intentar aliviar el estrés de manera espontánea. Aunque estas reacciones tienden a ser automáticas, es probable que operen en un nivel de conciencia muy alto. El manejo exitoso del estrés no sólo implica recurrir a las reacciones automáticas al estrés que reducen sus síntomas. Significa hacerse cargo, dirigir y controlar nuestras respuestas a las causas de estrés, modificando así el estrés en general. Modificar el entorno y alterarnos en cierta forma son las técnicas más importantes con las que se podría reducir el estrés en gran medida. Desarrollar una mayor tolerancia al estrés y cambiar nuestro ritmo de vida podrían ser una gran ayuda en esa dirección.

Muy bien, ¿eres una persona bien adaptada y eres capaz de contrarrestar el estrés? Responde a las siguientes preguntas y descubre tu aptitud para manejar el estrés. Marca las preguntas con las que estés de acuerdo.

A menudo...

P. 1. ¿Te levantas temprano para evitar las prisas?

P. 2. ¿Pones el despertador para estar listo(a) a buena hora?

P. 3. ¿Tomas tiempo para desayunar?

P. 4. ¿Haces una lista de las cosas que tienes que hacer empezando con las más importantes?

P. 5. ¿Programas tiempo suficiente para trasladarte a la escuela o al trabajo sin prisas?

P. 6. ¿Caminas sin prisa?

P. 7. ¿Compartes al menos una comida con otras personas?

P. 8. ¿Evitas el uso excesivo de cafeína, alcohol o drogas?

P. 9. ¿Dedicas cada día algo de tiempo para relajarte saliendo a caminar, dando una vuelta en bicicleta o tomando un baño caliente?

P. 10. ¿Evitas dejar las cosas para después y crees que cuanto más pronto inicies una tarea menos te preocuparás por ella?

P. 11. ¿Te concentras en la tarea que estás haciendo en ese momento?

P. 12. ¿Dedicas tiempo a charlar con tus amigos?

P. 13. ¿Dedicas tiempo a estudiar?

P. 14. ¿Programas más relajación durante el fin de semana para romper el ciclo del estrés?

P. 15. ¿Anotas las cosas que no lograste hacer para encargarte de ellas al día siguiente?

P. 16. ¿Te tranquilizas antes de irte a la cama leyendo o escuchando música?

P. 17. ¿Controlas tus pensamientos desagradables?

Asigna un punto a cada respuesta **afirmativa**.

Interpretación

De 11 a 17 puntos: Tienes la habilidad de manejar el estrés con bastante éxito y disfrutas de una mejor salud física y mental que el resto de la gente. Al optar por alterar tu estilo de vida o modificar tu entorno con inteligencia, logras vencer las situaciones cotidianas de estrés. Eres lo bastante prudente para manejar una situación de estrés como un reto, sacando lo mejor de ti para lograr un crecimiento personal.

De 6 a 10 puntos: Tiendes a tomar el estrés con bastante calma al vivir la vida. Tu actitud realista hacia el estrés a menudo hace posible que lo manejes bastante bien. Normalmente no te vencen los sentimientos de impotencia, incluso en situaciones difíciles. La mayoría de las veces, tu resistencia psicológica te capacita para mantener un control razonable de ti mismo(a) y de las situaciones de estrés que se te presentan.

De 1 a 5 puntos: Eres una triste víctima del estrés y sientes tensión y estrés la mayor parte del tiempo. Encuentras que te es difícil concentrarte, que tienes muchas preocupaciones y sientes que te está yendo mal. Una vez que logres entender el estrés a nivel personal, podrás enfrentarte a él con mayor eficacia. Por ejemplo, si te gusta hacer ejercicio, podrías elegir una de las siguientes formas de relajarte: aeróbicos, pasear en bicicleta, nadar, caminar, relajación progresiva, tomar un baño caliente o un baño sauna. Pero si eres una persona de tipo más intelectual, podrías optar por alguno de estos medios para relajarte: meditación, escribir, leer, resolver crucigramas, ver televisión, escuchar música, pintar, jugar ajedrez o jugar a las cartas. En la mayoría de los casos, podrías elegir una combinación de formas de relajarte. Sin embargo, lo importante es que encuentres lo que te funcione mejor.

30. Tu autoimagen y tu yo ideal

Tu autoimagen es la forma en que tú te ves. Es el "yo" que crees que eres. Está hecho de imágenes de ti mismo(a) altamente personales. Como es algo tan privado, cada uno de nosotros es un experto en su propia autoimagen, independientemente de lo realista o poco realista que pueda ser. Nuestra autoimagen está formada por las numerosas percepciones que hemos tenido a lo largo de nuestro desarrollo, en especial durante nuestros años formativos. La forma en que nos ven otras personas importantes, en especial nuestros padres, tiene una gran influencia sobre esta autoimagen. Cuando somos jóvenes e impresionables, tendemos a llevar a nuestro interior lo que ellos piensan de nosotros, sus juicios y sus expectativas, y pensamos en nosotros mismos de acuerdo a ello. Una persona tiende a sufrir debido a la mala opinión que tiene de sí misma, debido a la actitud de unos padres excesivamente críticos, en especial durante sus años formativos.

Nuestro yo ideal, por otra parte, es el yo que nos gustaría ser, y esto incluye nuestras aspiraciones, nuestros ideales morales y nuestros valores. En muchas ocasiones, estas cosas están gobernadas por nuestra identificación con las exigencias y prohibiciones de nuestros padres durante nuestro periodo de desarrollo en la infancia. Por lo tanto, muchas "cosas que uno debe o no debe hacer" que son parte de nuestra capacidad consciente, representan exigencias inconscientes y poco realistas que podrían impedir nuestro desarrollo. Pero con la experiencia y la madurez, nuestras aspiraciones tienden a representar metas y valores que nosotros mismos elegimos, y tienden a expresar en forma sensata y adulta lo que hemos llegado a esperar de nosotros mismos. Por consiguiente, nuestro yo ideal puede servir como un incentivo para nosotros de "hacer nuestro mejor esfuerzo". Pero cuando no vivimos de acuerdo a nuestro yo ideal, como a menudo es el caso, es saludable redoblar nuestros esfuerzos para lograr nuestras aspiraciones o modificarlas de acuerdo a incentivos más fructíferos. En esas circunstancias, cuando nuestras aspiraciones resultan ser excesivas o poco realistas, podría ser más adecuado que modificáramos nuestro yo ideal, como una forma de propiciar nuestro crecimiento y nuestra autoestima.

¿Cómo describirías tu yo ideal? ¿Tiendes a ser idealista y bastante exigente contigo mismo(a) cuando no logras alcanzar tus metas? ¿O eres más realista y práctico(a), y superas la desilusión de haber fracasado dándote a menudo otra oportunidad? Para verificar tus percepciones, responde a las siguientes preguntas que están diseñadas para medir la similitud entre tu autoimagen y tu yo ideal.

Procedimiento de evaluación

Se presentan dieciséis elementos que representan tu autoimagen, o la forma en que tú te ves. Cópialos formando una jerarquía de lo más alto a lo más bajo, en el orden en que crees *que te describen mejor*. Escribe la frase que te describe mejor en la parte superior y márcala con el número 1. Luego acomoda el resto de las frases en orden, desde la más verdadera para ti hasta la menos verdadera, que quedará al final de la lista. A cada frase le asignas un número en una columna que lleva el título "yo". Por ejemplo, si la primera frase queda en novena posición, escribes 9 en la columna de "yo".

Después repites este procedimiento en lo relacionado con tu yo ideal. Es decir, acomodas las frases de nuevo en el orden que describa el yo que quisieras ser, desde lo que quisieras que fuera más verdadero sobre, y en el otro extremo, lo que quisieras que fuera lo menos verdadero sobre tu yo ideal. Cuando termines tus listas, anota el orden de las frases que corresponden a tu yo y a tu yo ideal en columnas separadas, y consulta la clave al final del la sección.

Elementos

a) Soy una persona que le cae bien a la gente.
b) A veces me centro demasiado en mi mismo(a).
c) Soy físicamente atractivo(a).
d) Tengo una gran necesidad de aprobación.
e) Por lo general trabajo con ahínco.
f) Sueño despierto(a) demasiado.
g) Puedo tener seguridad en mi mismo(a) cuando es necesario.
h) A menudo me desanimo.
i) Tengo atractivo sexual.
j) Soy una persona ansiosa.
k) Tengo una inteligencia por encima del promedio.
l) Soy tímido(a) en grupos.
m) Tengo un buen sentido del humor.
n) A veces soy deshonesto(a).
ñ) Tengo buena disposición.
o) Cuento muchos chismes.

Clave para el puntaje

Pare encontrar la correspondencia entre tu autoimagen y tu yo ideal, anota la diferencia entre las cifras de cada elemento. Por ejemplo, si el elemento A tiene el noveno lugar en la columna de tu autoimagen y tiene el segundo lugar en la columna de tu yo ideal, la diferencia sería 7. Para cada elemento, anota la diferencia absoluta entre los números sin tomar en cuenta los más o los menos. Luego suma el total de los números en una columna llamada "diferencias". Así descubres el espacio que existe entre tu autoimagen y tu yo ideal.

Interpretación

Un puntaje cercano a 50 sería relativamente promedio. Una diferencia menor a 30 indica una alta correspondencia entre tu autoimagen y tu yo ideal. Una cifra mayor a 80 indica una correspondencia bastante baja entre tu autoimagen y tu yo ideal. Sin embargo, una cifra alta no necesariamente significa que tienes problemas. Sólo indica que necesitas ser más realista y modificar tu yo ideal para propiciar tu crecimiento y tu autoestima.

31. ¿Te aceptas?

Las investigaciones sobre las diversas teorías psicológicas han desarrollado una alta correlación positiva entre el grado de aceptación de uno mismo o la autoestima, y el bienestar y las relaciones sociales. Un alto nivel de aceptación de uno mismo ayuda a vivir con espontaneidad y a aceptar mejor a otros. Una baja aceptación de uno mismo, por otra parte, hace que la persona sea más retraída y más crítica con respecto a los demás.

Cada una de las siguientes afirmaciones se relaciona con la aceptación de uno mismo. Después de leer cada una, indica qué tan verdadera o falsa es con respecto a ti, utilizando la siguiente clave. Después, para determinar el significado de tu puntaje, consulta la clave al final del cuestionario.

Puntuación 1 – Completamente cierto.

Puntuación 2 – En su mayoría cierto.

Puntuación 3 – En parte verdad, en parte falso.

Puntuación 4 – En su mayoría falso.

Puntuación 5 – Completamente falso.

P. 1. Cuando las personas dicen cosas buenas de mí, me cuesta creer que lo dicen sinceramente. Podrían no ser sinceras.

P. 2. Si hay algo de críticas o alguien dice algo sobre mí, no puedo soportarlo.

P. 3. Algo dentro de mí simplemente no me deja sentir satisfacción por ningún trabajo que haya yo llevado a cabo. Si sale bien, yo tengo una sensación de orgullo que me hace sentir que merezco más, que no debería estar satisfecho(a) de ello.

P. 4. Me siento diferente a otros. Me gustaría tener la sensación de seguridad que viene de saber que no soy demasiado distinto(a) de otros.

P. 5. Temo que la gente por la que siento cariño descubrirá como soy en realidad y eso le causará una desilusión.

P. 6. Con frecuencia me siento molesto(a) debido a sentimientos de inferioridad.

P. 7. A causa de otras personas, no he podido lograr tanto como lo debería haber logrado.

P. 8. Soy bastante tímido(a) en situaciones sociales.

P. 9. Para llevarme bien con otros y ser aceptado(a) por ellos, tiendo a ser lo que las demás personas esperan que sea, más que ninguna otra cosa.

P. 10. Parece que tengo una gran fuerza interior para resolver cosas. Tengo un fundamento bastante sólido y eso me da mucha confianza en mí mismo(a).

P. 11. Siento timidez cuando estoy con personas que tienen una posición superior a la mía en la escuela o en el trabajo.

P. 12. Muy a menudo, no trato de ser amigable con las personas porque creo que no les voy a caer bien.

P. 13. Siento que soy una persona valiosa y que estoy al mismo nivel que otros.

P. 14. No puedo evitar sentirme culpable sobre la forma en que me siento con respecto a ciertas personas en mi vida.

P. 15. No temo conocer gente nueva. Siento que soy una persona valiosa y no hay razón para que se me rechace.

P. 16. En cierta forma sólo confío en mi mismo(a) a medias.

P. 17. Soy muy sensible. Cuando alguien dice algo, tiendo a pensar que me está criticando en cierta forma, aunque más tarde, cuando lo pienso, veo que tal vez no tuvieron esa intención en absoluto.

P. 18. Tiendo a dar todo un espectáculo para impresionar a la gente. Sé que no soy la persona que aparento ser.

P. 19. No me preocupo ni me condeno si otras personas me juzgan negativamente.

P. 20. Cuando estoy en un grupo, normalmente no digo mucho por temor a decir algo inadecuado.

P. 21. Aunque las personas tengan una buena opinión de mí, me siento culpable porque sé que debo estarlas engañando y que si en realidad actuara como soy, no tendrían una buena opinión de mí.

P. 22. Siento que estoy en el mismo nivel que otras personas y eso me ayuda a establecer buenas relaciones con ellas.

P. 23. Al vivir, me baso demasiado en los estándares de otras personas.

P. 24. Si no tuviera yo siempre tan mala suerte, lograría mucho más de lo que he logrado.

Clave para sacar el puntaje

Para calificar el test, primero invierte los números que escribiste en los siguientes puntos: 10, 13, 15, 19 y 22. En cada uno de ellos:

Si pusiste 1, pon 5

Si pusiste 2, pon 4

No cambies el 3

Si pusiste 4, pon 2

Si pusiste 5, pon 1

Luego suma los números que asignaste a cada enunciado para obtener la calificación total.

Interpretación

Tus puntos pueden variar de 24 a 120.

Cifras bajas (24-54): Si tu puntaje está en este rango, manifiestas poca aceptación de ti mismo(a) y confianza en ti mismo(a). Tal vez sufras de timidez y podrías beneficiarte desarrollando destrezas sociales y recibiendo asesoría personal.

Cifras promedio (55-85): La mayoría de las personas está en este rango, aunque tengan más aceptación en unas áreas que en otras, y aunque se sientan más cómodas con algunas personas que con otras. Si estás en esta categoría, podrías mejorar tu aceptación de ti mismo(a) no aceptando expectativas poco realistas o mejorando tus destrezas personales e interpersonales.

Cifras altas (86-120): Quienes alcanzan este puntaje tienden a tener mucha confianza en sí mismos(as). Su sentido de valía personal les ayuda a conocer personas nuevas y a enfrentarse a nuevos retos.

32. Conoce las dinámicas de la mente

Las dinámicas de la mente intrigan a la mayoría de las personas. Tanto así que gran parte del vocabulario y la terminología que se usa para tratar diversos fenómenos psicológicos ha llegado a introducirse en el lenguaje común de la gente. Cuando hablamos del ego de alguien, de ser neurótico o de tener un complejo, estamos utilizando lenguaje psicodinámico.

El siguiente cuestionario es una lista de este tipo de términos. En caso de que ya estés utilizando algunos de ellos en tus conversaciones diarias, sería interesante que al terminar el cuestionario conocieras su significado correcto.

1. Blind mill
2. Bulimia
3. Anorexia nerviosa
4. Amnesia anterógrada
5. Afasias
6. Bloqueos
7. Distimia
8. Ecolalia
9. Cara a cara
10. Alucinación
11. Hipnosis
12. Hipoconodriaco
13. Petit mal
14. Psiconeuroinmunología
15. Sonambulismo
16. Personalidad esquizoide
17. Trastorno de somatización
18. Psicofarmacología

1. Un ejercicio de "calentamiento" en algunas terapias de grupos humanistas en el que los participantes cierran los

ojos y caminan por la habitación comunicándose sólo mediante el tacto.

2. Comer en exceso o sin control y después inducirse un vómito.
3. Dejar de comer pues se teme subir de peso.
4. Incapacidad de incorporar nuevos recuerdos.
5. Discapacidad del lenguaje que por lo general se atribuye a daños en el hemisferio dominante del cerebro.
6. Una condición que en ocasiones experimentan los esquizofrénicos en que la persona se queda callada en medio de una conversación, y no recuerda de qué estaba hablando.
7. Un trastorno del estado de ánimo en el que se presenta una depresión leve y persistente por un largo periodo.
8. Déficit del lenguaje, característico de niños autistas en que el niño repite sin propósito lo que dicen otras personas.
9. Un ejercicio de "calentamiento" en algunas terapias de grupos humanistas en el que los participantes se organizan por parejas y se miran fijamente a los ojos durante un minuto o más.
10. Percepciones sensoriales que ocurren sin que haya un estímulo externo apropiado.
11. Un estado similar al sueño inducido en forma artificial en el que el sujeto es altamente susceptible a sugestiones.
12. Trastorno mental en que la persona transforma la ansiedad en un temor crónico a las enfermedades.
13. Una forma de epilepsia en que los ataques sólo duran aproximadamente un minuto, durante el cual la persona se queda inmóvil, no está consciente del entorno y tiene la mirada fija.

14. La disciplina especializada que estudia la interacción entre los factores psicológicos y el sistema inmunológico, con la mediación del sistema nervioso central.
15. Caminar estando dormido; la persona camina y lleva a cabo algunas acciones complejas.
16. Un trastorno de la personalidad que se caracteriza por retraimiento y aislamiento.
17. Un síndrome que se caracteriza por numerosas dolencias recurrentes, que persisten durante varios años y para las que no existe una cura.
18. El estudio de la relación entre las drogas y la conducta.

33. ¿Eres una persona autorrealizada?

Abraham Maslow y otros psicólogos afirman que algunas personas tienden a alcanzar niveles más sanos y óptimos de funcionamiento que la persona promedio. Las llamaron personas autorrealizadas. Estas personas están relativamente libres de los problemas psicológicos más importantes y han hecho el mejor uso posible de sus talentos y de sus puntos fuertes. Si se les compara con la persona promedio, estas personas tienen ciertas características en común, como una manera vigorizante de apreciar las realidades cotidianas; mayor aceptación de sí mismas y de otros; altos niveles de creatividad y resistencia ante el conformismo. Muchas personas no llegar a una realización personal por carecer de circunstancias que les brinden apoyo. No obstante, incontables personas han sido significativamente creativas a pesar de vivir en circunstancias de privación. Maslow reconoció que a veces el hecho de que la afluencia ayude a algunas personas a crecer y haga que otras se atrofien, es un misterio. Por consiguiente, el solo hecho de tener un entorno favorable no es suficiente para garantizar el crecimiento. Las personas también deben tener un intenso deseo de crecer, para compensar la apatía y la resistencia al crecimiento. En general, el desarrollo personal tiende a ser una lucha entre fuerzas que propician el crecimiento y fuerzas que lo frenan.

Para determinar tu propio nivel de crecimiento psicológico y de realización personal, señala si estás o no de acuerdo con cada una de las siguientes afirmaciones escribiendo el número correspondiente frente a cada afirmación. **Asigna tu puntaje como sigue: 1 = no estoy de acuerdo; 2 = en cierta forma no estoy de acuerdo; 3 = en cierta forma estoy de acuerdo; 4 = estoy de acuerdo.**

P. 1. No me avergüenzo de ninguna de mis emociones. ____

P. 2. Siento que debo hacer lo que otros esperan de mí. ____

P. 3. Creo que las personas son esencialmente buenas y que se puede confiar en ellas. ____

P. 4. Siento la libertad de enojarme con las personas que amo. ____

P. 5. Siempre es necesario que otros aprueben lo que hago. ____

P. 6. Se me dificulta aceptar mis debilidades. ____

P. 7. Puedo sentir simpatía por las personas a pesar de no estar de acuerdo con ellas. ____

P. 8. Temo al fracaso. ____

P. 9. Evito los intentos por analizar y simplificar temas complejos. ____

P. 10. Es mejor ser uno mismo que ser popular. ____

P. 11. No tengo una misión en la vida a la que sienta que debo dedicarme especialmente. ____

P. 12. Puedo expresar mis sentimientos aunque eso posiblemente tenga consecuencias indeseables. ____

P. 13. No siento tener una responsabilidad especial de ayudar a nadie. ____

P. 14. Me molesta el temor de ser inadecuado(a). ____

P. 15. Otros me aman porque yo doy amor. ____

Para calcular tu puntaje, las respuestas de los puntos 2, 5, 6, 8, 9, 11, 13, 14, deben invertirse (4=1, 3=2, 2=3, 1=4). Luego sumas las cifras resultantes a las respuestas del resto de las afirmaciones. Tu cifra total debe estar entre 15 y 60.

Interpretación

Puntaje alto (50-60): Eres una persona altamente autorrealizada que tiende a vivir en el presente y no en las culpas y lamentaciones del pasado. Tampoco tienes metas demasiado idealizadas ni temores relacionados con el futuro. También tiendes a dirigirte interiormente, a la extroversión, y a ser racional en tus pensamientos y en tu conducta. Tomas decisiones corriendo riesgos razonables, no apegándote a lo que consideras seguro. Estás abierto(a) a nuevas experiencias y confías en tu propia experiencia.

Puntaje promedio (40-50): Tienes bastante capacidad para percibirte y experimentarte en relación con tu entorno. Entiendes que sólo empezarás a vivir con autenticidad cuando afirmes tu libertad humana inherente y tomes responsabilidad de tu vida. Estás consciente de que la autorrealización es un proceso de por vida que da un mayor significado al vivir, y que no es una meta que se alcance con facilidad.

Puntaje bajo (hasta 39): Tu centro interior de crecimiento parece estar relativamente débil y subdesarrollado, y de hecho hay circunstancias perturbadoras que lo sofocan. Debes estar consciente de que lo que determina tu destino son tus decisiones, no las condiciones externas. Es posible creer que puedes empezar a dar pequeños pasos para mejorar, y por lo tanto podrás hacerlo. Ninguna hazaña espléndida se ha podido lograr jamás, excepto cuando alguien se atreve a creer que hay algo en su interior que es superior a las circunstancias.

34. ¿Te sientes triste y solo(a)?

La soledad es un problema común para la mayoría de las personas. Cuando se nos dificulta crear o conservar amistades cercanas, tendemos a sentirnos solos. En esencia, la soledad es un estado subjetivo que refleja una ausencia de relaciones interpersonales satisfactorias. No se le debe confundir con el aislamiento que es un estado más objetivo que se relaciona con ausencia de personas. De hecho, puedes sentir soledad a pesar de estar en medio de la gente, si no hay cercanía entre esas personas y tú.

Sharon Brhm, psicóloga social, descubrió que la experiencia de la soledad varía dependiendo de los aspectos de nuestra vida que resultan más afectados, por ejemplo un aislamiento social cuando no se tiene una red de amigos y conocidos, o un aislamiento emocional cuando no hay cercanía en las relaciones íntimas o románticas de una persona.

Las investigaciones psicológicas muestran, irónicamente, que las personas de 18 a 25 años de edad sufren más a causa de la soledad que las de otras edades, lo que podría ayudar a explicar la soledad que es común entre los estudiantes universitarios. Los jóvenes de esta edad debilitan sus lazos familiares y buscan activamente relacionarse con gente de su edad, en especial con jóvenes del sexo opuesto. El idealismo de la juventud, unido al deseo de intimidad y de llegar a tener un matrimonio feliz, hace que sean muy sensibles a las discrepancias que pueden existir entre sus expectativas de intimidad y sus relaciones reales. Es interesante que la soledad tienda a declinar al paso de los años, aunque esto se presenta menos en las mujeres que en los hombres. Sin embargo, la soledad parece incrementarse de nuevo en personas de aproximadamente 80 años de edad, lo que refleja en parte, una mayor sensación de desconexión ante la vida en las personas de edad avanzada.

¿Con cuánta frecuencia sientes soledad? ¿A veces o con frecuencia? Para determinar tu soledad y las áreas de tu vida que se ven afectadas por ella, responde a las siguientes preguntas.

Indica con cuánta frecuencia te sientes como se describe en cada una de las siguientes afirmaciones, respondiendo con 1, 2, 3 o 4 para indicar: *"Nunca" "Raras veces" "En ocasiones" "Con frecuencia"*, respectivamente. Escribe una cifra frente a cada afirmación.

Marca las afirmaciones con las que estés de acuerdo

P. 1. ¿Te sientes en armonía con las personas que te rodean en tu esfera de trabajo y entre tus amistades?

P. 2. ¿Te falta compañía?

P. 3. ¿Encuentras que no cuentas con una persona con quien tengas una relación íntima a la que puedas recurrir en momentos difíciles?

P. 4. ¿Evitas sentir soledad?

P. 5. ¿Sientes que eres parte de tu grupo de amigos?

P. 6. ¿Sientes que tienes mucho en común con la gente que te rodea?

P. 7. ¿Sientes que ya no tienes una relación cercana con nadie?

P. 8. ¿Observas que las personas que te rodean no comparten tus intereses y tus ideas?

P. 9. ¿Eres una persona sociable?

P. 10. ¿Sabes que hay personas que sientes que están cerca de ti?

P. 11. ¿Sientes que se te deja fuera?

P. 12. ¿Sientes que tus relaciones sociales son bastante superficiales?

P. 13. ¿Te das cuenta de que nadie te conoce bien en realidad?

P. 14. ¿Te sientes aislado de otros?

P. 15. ¿Sabes que puedes tener compañía cuando la deseas?

P. 16. ¿Sabes que hay personas que realmente te entienden?

P. 17. ¿Te sientes feliz al ser tan retraído(a) como lo eres?

P. 18. ¿Sientes que la gente está a tu alrededor pero no está contigo en realidad?

P. 19. ¿Sabes que hay personas con las que puedes hablar?

P. 20. ¿Sabes que hay personas a las que puedes recurrir?

Clave para el puntaje

Invierte las cifras (Es decir: Nunca = 4; Raras veces = 3; En ocasiones = 2; Con frecuencia = 1) en las preguntas 1, 4, 5, 6, 10, 15, 16, 19 y 20. Luego suma las respuestas a las 20 preguntas para obtener el total, que puede ir de 20 a 80.

Interpretación

De 60 a 80 puntos: Eres emocionalmente sensible y sería fácil que cayeras en una depresión. Tiendes a ser especialmente vulnerable a la soledad. Tal vez el creer en tu falta de méritos esté limitando tu capacidad para reconocer la retroalimentación positiva que te llega de otras personas y te impide dar pasos que reduzcan tu soledad. Tiendes a exagerar los aspectos internos de la soledad y a minimizar sus aspectos externos, y tiendes a culpar de tu soledad a tus propias insuficiencias. Concéntrate en los factores de tu situación que se relacionan con sobreponerte a tu soledad y esfuérzate para desarrollar tus destrezas interpersonales de modo que puedas tener acceso a una nueva red de vínculos sociales y también un círculo de amigos cercanos.

De 30 a 59 puntos: Estás en la categoría media de la soledad, lo que indica que percibes una cantidad considerable de soledad en tus relaciones con otros. Trata de adoptar estrategias activas como leer, escribir cartas, llamar por teléfono a un amigo o participar en actividades deportivas para vencer tu soledad.

De 1 a 20 puntos: Eres un individuo bien adaptado con relaciones emocionales y sociales satisfactorias. Eres menos propenso(a) a la soledad que otras personas porque conoces el arte de ver tu necesidad de compañía en la perspectiva adecuada. Las posibilidades sanas para pasatiempos creativos y una actitud positiva hacia la vida, hacen posible que te mantengas lejos de la soledad.

35. ¿Centras tu vida en Dios?

Emerson es un psicólogo que hace años afirmó que hay cámaras no exploradas en la mente humana que algún día se abrirán para dar a conocer poderes espirituales insospechados. Un psiquiatra francés dice que existe otro elemento en la mente, más allá del consciente y del subconsciente. Es un elemento que él llama "El súper consciente". Por consiguiente, es muy probable que en tu interior esté encerrado todo el poder y toda la eficiencia que necesitas. La evidencia que se ha presentado en miles de casos indica que la única forma segura de liberar este poder y eficiencia es llegar a ser un experto en el mecanismo de la fe. De hecho, existe una ley en la psicocinética, el poder de la mente humana sobre condiciones, circunstancias y objetos materiales. Cuando se libera la energía del impulso de la fe, la mente ejerce un indomable dominio y control sobre la adversidad y la oposición.

La funcionalidad científica de la fe en el desarrollo del poder y la eficiencia es un fenómeno comprobado. Existe un poder básico en el universo, y es tan real como el hecho de que un hombre haya sido capaz de liberar la energía atómica. Este poder es tan grande que elimina de la mente todo vestigio de la enfermedad que está destruyendo a la persona. Es la ley de la fe; lo que la fe religiosa puede hacer para curar la tensión, para sanar los pensamientos de preocupación y ansiedad, y para fortalecernos en el manejo del estrés y la tensión, es sorprendente. De hecho, los temas religiosos deberían abordarse con la actitud experimental de un auténtico científico. Es interesante recordar que hace años, Steinmetz, un científico famoso, dijo que los científicos más importantes del futuro serían los que pudieran delinear y explicar las leyes espirituales.

Tal vez parezca extraño, pero tú y yo podemos generar más energía a través de la fe y la oración que la que puede producir un dínamo. Es el poder con el que logramos hacer una transferencia hacia Dios, es el poder a través del cual Dios, que nos ama, nos da fuerza y poder. El arte es aprender a tener fe. Cuando lo haces, te conviertes en un conducto a través del cual fluye el poder divino. Fluye a través de *ti*. Por lo tanto, tienes todo el poder que necesitas para enfrentar cualquier situación en la que estés involucrado(a). Y te inunda un sentido sanador de paz, ya que la oración, al igual que el radio (elemento químico), está en una forma de energía luminosa que se autogenera.

¿A veces experimentas algo que te da el toque final del poder espiritual? A continuación se presenta una serie de preguntas. Responde honestamente con un SÍ, las que crees y practicas. Cada respuesta afirmativa vale un punto.

A menudo…

P. 1. ¿Dedicas algunos minutos a estar solo(a) en tranquilidad, y alejar tus pensamientos de los problemas y centrar tu mente en Dios?

P. 2. ¿Sueles hablar con Dios mientras te ocupas de tus actividades diarias, mientras viajas en un autobús o en un coche, mientras trabajas en tu escritorio? ¿Cieras los ojos para alejarte del mundo y tener la sensación de estar cerca de Dios?

P. 3. ¿Tienes pensamientos positivos y no pensamientos negativos cuando oras?

P. 4. ¿Aceptas los acontecimientos de tu vida como la voluntad de Dios?

P. 5. ¿Oras por las personas a las que no les agradas o por las que te han tratado mal?

P. 6. ¿Afirmas el hecho de que Dios siempre está contigo y te ayuda con sus bendiciones?

P. 7. ¿Rezas pensando que tus oraciones llegan a tus seres queridos y los rodean con el amor y el cuidado de Dios?

P. 8. ¿En tus oraciones, simplemente pones todo en manos de Dios? ¿Rezas pidiendo fuerza para hacer tu mejor esfuerzo y con confianza, dejando todo lo demás en manos de Dios?

P. 9. ¿A veces durante el día dices una breve oración por este mundo atribulado, por la nación y por la paz duradera?

P. 10. ¿Crees que tus oraciones recibirán respuesta?

Interpretación

De 8 a 10 puntos: ¡Felicidades! Eres suficientemente sabio y afortunado para obtener inspiración y tener una vida feliz y útil. La oración responde a una ley como lo hace cualquier ciencia. Has aprendido bien las leyes de la oración. Eres el tipo de persona que fluye amor a su alrededor. Esta radiación de amor y buena voluntad tiene que producir un cambio sorprendente en ti y en las personas cercanas a ti. Casi vives con Dios. Las personas que tienen este contacto sencillo con Dios tienen poder. Independientemente de cuántas dificultades, privaciones, dolor, tragedia y futilidad se presenten, eres el tipo de persona que puede superarlo espléndidamente.

De 5 a 7 puntos: Tienes bastante perspicacia en relación con la fuerza divina; la forma sorprendente en que lo posible se hace posible cuando Dios es tu socio. Las personas como tú que practican las sencillas técnicas de la oración reciben orientación en un grado poco usual. Un poder invisible pero definido las dirige en actividades y en sus contactos. Tienes una destreza extraordinaria para enfrentar situaciones y tratar con las personas. En vista de que habitualmente practicas una actitud de oración, estás abierto a recibir la guía de la divinidad. Trata de seguir teniendo una vida centrada en Dios.

De 1 a 4 puntos: ¡Lástima! Simplemente parece que no estás consciente del profundo poder de la oración. Si lo único que hicieras fueran pequeñas oraciones sin darles una dirección específica, pronto notarías que empezaría a brotar en tu corazón una nueva fuerza y un nuevo gozo. Una de las leyes primordiales de la oración es la sencillez. Haz que tus oraciones sean sencillas y naturales. Cree en Dios con la fe de un niño. Habla con Dios como hablarías con un amigo.

36. ¿Eres adaptable?

Vivimos en el mundo que creamos en nuestra mente. La psicología es la herramienta esencial que necesitamos para dar forma a nuestro mundo. La mayoría de las personas tiende a tener una *forma de percepción*, una predisposición a percibir o a responder mentalmente a ciertos sucesos en cierta forma. Cuando estas formas de percepción tienen como resultado conceptos fijos, el resultado es a menudo un estereotipo, y uno se niega a cambiar sus ideas debido a esa forma estereotipada de pensar.

Esto lleva a la cristalización de actitudes y a rigidez en nuestro comportamiento. Es interesante notar que a menudo actuamos como "avaros cognitivos" y no como científicos ingenuos, y recurrimos a la heurística para determinar la posibilidad de que nuestras percepciones de otros sean exactas.

Los medios heurísticos que se utilizan con frecuencia incluyen la disponibilidad de la información, el anclaje y los ajustes, al igual que la representatividad. Como resultado, encaramos las dificultades actuando con flexibilidad y a menudo nos desviamos al dogmatismo.

El siguiente cuestionario te ayudará a mirar hacia tu interior y juzgar la magnitud de tu adaptabilidad en comparación con tu tendencia a ser rígido(a) y dogmático(a) en tu visión y en tu comportamiento.

Elige con espontaneidad las alternativas que te representan mejor.

P. 1. Cuando te quedas a dormir en casa de un amigo o amiga, por lo general…

a) ¿Encuentras que tu estancia es perfecta y te sientes como en casa?

b) ¿Te sientes incómodo(a) y extrañas tu casa?

P. 2. Cuando comes en un restaurante nuevo, tus amigos insisten en que pruebes un platillo exótico con el que no estás familiarizado.

a) ¿Lo pruebas con gusto?

b) ¿Te niegas a probarlo e insistes en ordenar algo que no represente riesgos, por ejemplo, pizza?

P. 3. Tus amigos o amigas por lo general te describen como…

a) ¿Una persona abierta y receptiva a todos los puntos de vista?

b) ¿Una persona difícil?

P. 4. Tienes que cambiar tu lugar de residencia e irte a vivir a un lugar que no conoces…

a) ¿Te sientes incómodo(a), inseguro(a) y perturbado(a)?

b) ¿Tomas el cambio en forma positiva y te sientes como pez en el agua?

P. 5. Al realizar cualquier tarea…

a) ¿Prefieres hacerla siguiendo tu estilo acostumbrado?

b) Te gusta tomar en cuenta la metodología más reciente para obtener los mejores resultados?

P. 6. Cuando escasea el agua en el lugar donde vives…

a) ¿Prefieres no bañarte porque te es difícil hacerlo si no tienes bastante agua?

b) ¿Usas una esponja y te las arreglas para refrescarte?

P. 7. Tus amigos están dispuestos a compartir su ropa durante una excursión...

a) ¿Te incomoda compartir tu ropa con otros porque no tienes la costumbre de hacerlo?

b) ¿Te sientes cómodo(a) y te diviertes haciéndolo?

P. 8. Estás acostumbrado(a) a comer en restaurantes de prestigio. Estando en otra ciudad, tienes que comer en un restaurante del tipo que frecuentan los camioneros...

a) ¿Comes pan en lugar de comer en ese restaurante de camioneros?

b) ¿Aceptas la aventura de comer en un estilo diferente?

Respuestas correctas

Preguntas 1, 2, 3 = a; Preguntas 4, 5, 6, 7, 8 = b

Interpretación

De 5 a 8 puntos: Adaptable: La adaptabilidad y la flexibilidad son tu punto fuerte. Puedes aceptar el cambio sin mucha dificultad. Como eres abierto(a) y receptivo(a) puedes resolver situaciones de estrés modificando hábilmente tu entorno y alterando tu estilo de vida. Aceptas los cambios en el trabajo, en casa y en lo relacionado con tus amistades con facilidad. Puedes ser como un artífice magistral y reacomodar tu vida y tus actitudes. Puedes ser ingeniosamente inteligente y sabes divertirte. La variedad es lo que le da sabor a tu vida, pues te opones a lo rutinario y a lo insulso. Buscas lo novedoso, eres innovador(a), versátil y conoces el arte de avanzar según avanzan los tiempos.

De 1 a 4 puntos: Estereotipado: Te gusta permanecer en tu concha y vivir en tu pequeño mundo. Te falta adaptabilidad y no tienes la inteligencia práctica para responder a las diversas ocasiones y salir avante. Tienes que aprender a aliviar el estrés alterando tu estilo de vida, lo que incluye cambiar tu ritmo de vida, aumentar tu comprensión y tu dominio de ti mismo(a), y hacer ajustes significativos entre tus necesidades más profundas, tus deseos y las exigencias sociales a las que te enfrentas.

37. ¿Sientes respeto por ti mismo(a)?

Con demasiada frecuencia nuestro comportamiento en lo que se relaciona al éxito y nuestro comportamiento en lo que se relaciona con nuestro interior podrían a su vez estar relacionados con una motivación mucho más grande y extensa: nuestra necesidad de respeto propio. Los psicólogos han sugerido que las personas necesitan sentir que son más valiosas, competentes y positivas.

En años recientes, los estudios han empezado a darle sentido a la influencia que tiene esta motivación en lo que creemos de nosotros mismos, en nuestras respuestas a la información relacionada con nuestros puntos fuertes y nuestros puntos débiles, y en nuestro comportamiento en situaciones que podrían hacer que otros nos juzgaran. Estas investigaciones sugieren que la mayoría de las personas son capaces de hacer cualquier cosa para conservar una visión favorable de sí mismas y actuar de acuerdo a ella.

Por otra parte, las personas que están deprimidas y tienen baja autoestima parecen carecer de actitudes personales que las apoyen y que apoyen su futuro, una pauta de pensamiento conocida como *realismo depresivo,* como lo explican Abramson y Alloy.

Ese punto de vista puede hacer que sean menos capaces de arreglárselas en momentos difíciles. De hecho, algunos investigadores han argumentado enfáticamente que mantener una visión positiva de nosotros mismos es una forma de ser adaptables ya que nos ayuda a persistir ante el fracaso y nos motiva a seguir esforzándonos y a explorar nuevas opciones, lo que incita nuestra motivación relacionada con el éxito.

¿Hasta dónde llega tu respeto propio? Responde las siguientes preguntas con "Sí" o "No" y descúbrelo.

P. 1. ¿Tienes una visión positiva de ti mismo(a) y crees que te puedes comparar favorablemente con otras personas?

a. Sí

b. No

P. 2. ¿Crees que tienes cierto control sobre los sucesos y sobre tu futuro?

a. Sí

b. No

P. 3. ¿Normalmente puedes encontrar una forma de resolver una situación en la que el desempeño de otros es a todas luces mejor que el tuyo?

a. Sí

b. No

P. 4. Cuándo recibes malas noticias sobre ti mismo(a), ¿las esquivas con mucha facilidad?

a. Sí

b. No

P. 5. ¿Suele atribuirte lo bueno que pasa, como conseguir un buen empleo o una buena calificación en el colegio, o sientes que les agrades a otros gracias a tus propias cualidades positivas?

a. Sí

b. No

P. 6. ¿Prefieres estar solo(a) en lugar de rodearte de amigos que parecen ignorarte?

a. Sí

b. No

P. 7. Si alguien te insulta en público,

a. ¿Se lo recriminas? Sí/No

b. ¿Toleras el insulto si sufres la humillación en silencio? Sí/No

P. 8. ¿Te consideras una persona independiente que sigue sus propias convicciones en lugar de pensar que eres alguien que depende de otros al tomar las decisiones importantes de la vida?

a. Sí

b. No

P. 9. ¿La idea de conseguir un trabajo sólo gracias a recomendaciones te haría sentir menos satisfacción que si hubieras conseguido ese empleo sólo por tus propios méritos y distinciones?

a. Sí

b. No

Asígnate un punto por cada respuesta afirmativa en el inciso (a).

Interpretación

Categoría A: de 5 a 9 puntos: Eres la clase de persona que inspira respeto y admiración a quienes te rodean en el hogar y en el trabajo. Tu claridad de visión y tu confianza en ti mismo(a) hacen que otros te respeten. Al parecer eres muy sensible y vulnerable y eres capaz de hacer prevalecer la justicia frente a la oposición y la controversia. Eres individualista y es posible que te rebeles contra la dominación en el trabajo por parte de personas que tienen en sus manos el poder y el control. Tiendes a optar por la libertad en las relaciones y por tener espacio en situaciones de trabajo.

Categoría B: de 1 a 4 puntos: El hecho de creer que tienes poca valía te limita cuando tienes que enfrentarte a las injusticias de otros. Deja de aferrarte a las cosas, despréndete de ellas, siéntete libre y niégate a humillarte ante la gente, de lo contrario acabarás llenándote de miedo, restringiéndote y limitándote. Lo mejor es reclamar tus derechos, dar importancia a tus prioridades y a tus valores, y expresarte con honestidad y sin miedo en tus relaciones interpersonales y profesionales.

38. ¿Vives bajo presión o hay estímulos en tu vida?

Las investigaciones muestran que las presiones de la vida producen más estrés que otros sucesos desagradables de mayor magnitud. Es posible que las personas que trabajan en ocupaciones de alto estrés tengan que pagar un precio muy alto. De acuerdo con los estudios realizados por Cobb, los controladores de tráfico aéreo, que se pasan el día haciendo malabarismos con los vuelos de aviones gigantescos, conscientes de que un error aparentemente sin importancia podría poner en peligro la vida de cientos de personas, tienen una posibilidad cuatro veces mayor de sufrir hipertensión que los pilotos de esos aviones, y tienen el doble de posibilidades de desarrollar diabetes o úlceras pépticas. No todos los que desempeñan puestos que causan estrés se enferman, pero muchos de ellos desarrollan su propia forma de manejar el estrés.

No obstante, es claro que existe un vínculo entre el estrés y la enfermedad, y las presiones diarias son un mejor índice del deterioro futuro de la salud física, del inicio de la depresión y la ansiedad que los sucesos importantes de la vida. Lazarus y otros psicólogos afirman que los sucesos agradables en la vida de un individuo tienen un efecto positivo en su psique y que los placeres cotidianos como escuchar música, caminar en el campo, disfrutar una comida con los amigos o jugar con los niños, son *estímulos* que actúan como amortiguadores contra el estrés.

Las *presiones* son factores que causan irritación y pueden ir desde molestias menores hasta tensiones, problemas o dificultades serias. Pueden ocurrir rara vez o muy a menudo. Los "estímulos", por otra parte, hacen que te sientas bien. Pueden ser fuentes de paz, satisfacción o alegría. Algunos ocurren con frecuencia, otros ocurren rara vez.

En la primera parte de la lista que aparece a continuación, encierra en un círculo las formas en que te sientes presionado(a). Primero encierra en un círculo las presiones que tuviste en el pasado reciente. Luego mira los números que están a la derecha en los puntos que encerraste en círculos. Indica la severidad de cada presión que hayas marcado encerrando en un círculo el 1, el 2 o el 3. De manera similar, en la segunda parte de la lista, encierra en un círculo los sucesos que te han hecho bien en el pasado reciente. **Encerrando en un círculo el 1, el 2 o el 3, indica con qué frecuencia han ocurrido en el pasado reciente.**

Si una presión o un estímulo no ocurrieron en el pasado reciente, *no* los encierres en un círculo.

Primera Parte: ¿En el pasado reciente te has enfrentado a la presión de...?

¿Perder o traspapelar algo?	1	2	3
¿Vecinos molestos?	1	2	3
¿Obligaciones sociales?	1	2	3
¿Fumadores desconsiderados?	1	2	3
¿Pensamientos sobre la muerte?	1	2	3
¿La salud de un miembro de tu familia?	1	2	3
¿No tener suficiente dinero para tus gastos?	1	2	3
¿Preocupaciones por deudas?	1	2	3

Segunda Parte: ¿Con qué frecuencia tuviste un estímulo en el pasado reciente?

Dedicándote a un pasatiempo	1	2	3
¿Fuiste afortunado(a)?	1	2	3
¿Ahorraste dinero?	1	2	3
¿Te sentiste bien con tus compañeros de trabajo?	1	2	3
¿Contaste chismes?	1	2	3
¿Tuviste éxito en tratos financieros?	1	2	3
¿Descansaste?	1	2	3
¿Te sentiste saludable?	1	2	3
¿Encontraste algo que creías haber perdido?	1	2	3

Calcula tu puntaje sumando por separado los números que encerraste en círculos en la primera parte y en la segunda parte. Mira qué puntaje es más alto. ¿Vives bajo presión o hay estímulos en tu vida?

Categoría A: Hay estímulos en tu vida

Si tu puntaje es más alto en la segunda parte del cuestionario, hay estímulos en tu vida. Los pequeños placeres de la vida pueden actuar como amortiguadores que te protegen del estrés.

Los pasatiempos placenteros y las actividades deportivas te rejuvenecen. Tus acciones se basan en un cálculo exacto y en una combinación de fuerzas. La forma en que manejas la economía y los alimentos te lleva al éxito. Sabes organizar personas y actividades. Los pasatiempos, la paz y la sabiduría te ayudan a granjearte el cariño de familiares y amigos. Pareces tener la espontaneidad de un niño. Una sensación de libertad te lleva a niveles más altos de conciencia y te abre nuevos horizontes.

Categoría B: Vives bajo presión

Si tu puntaje es más alto en la primera parte del cuestionario, es que vives bajo presión. Tiendes a perder la confianza y la claridad debido al estrés y la ansiedad. Da un paso a la vez. Dejar las cosas para más tarde por lo general hace que sientas mayor confusión. Podrías desarrollar un problema de salud. Te haría bien tener una actitud relajada hacia la vida. Mira las situaciones difíciles desde una perspectiva lejana y dedica más tiempo a hacer cosas que disfrutas. No permitas que las personas negativas y destructivas te afecten o ejerzan influencia sobre ti. Es una buena idea dedicar tiempo al silencio y a visitar entornos naturales para superar los estados de ánimo de duda, vacilación y confusión mental.

También puedes alcanzar la paz y la tranquilidad interior mediante la meditación. Es terapéutico para ti dedicar algo de tiempo y energía a pasatiempos que disfrutes. La salud y la energía se rejuvenecen con el ejercicio, la relajación y una dieta saludable.

39. Tu nivel de facultades psicológicas

Como seres humanos, tenemos facultades psicológicas que nos distinguen del mundo animal. Las facultades como la capacidad consciente, la imaginación creativa y la voluntad independiente, que representan para nosotros la libertad humana en su máxima expresión, al igual que el poder de elección, la capacidad de responder y de cambiar. Cada una de estas facultades, y la sinergia que existe entre ellas, es necesaria para crear una calidad de vida. Desarrollar estas facultades es la clave para el liderazgo personal. Las actividades de mejoramiento a menudo reconocen estos poderes psicológicos de la mente humana, pero tienden a segmentarlos y a abordarlos en forma aislada. La pregunta más importante, sin embargo, se relaciona con analizar cuánto hemos desarrollado nuestras facultades únicas y qué tan fuerte es la sinergia en nuestra vida. Tus respuestas a las siguientes preguntas te darán una idea del grado en que has desarrollado y utilizas actualmente estas facultades en tu vida. Asigna el número que mejor represente tu comportamiento o tu actitud normal a cada pregunta, siguiendo este sistema de puntaje:

(0 = Nunca; 2 = A veces; 4 = Siempre)

Conciencia de ti mismo(a)

P. 1. ¿Puedes ver de lejos tus pensamientos y sentimientos, examinarlos y cambiarlos?

P. 2. ¿Estás consciente de tus paradigmas fundamentales y de su impacto en tus actitudes y comportamientos, y del resultado que estás obteniendo en tu vida?

P. 3. ¿Estás consciente de la diferencia entre tu libreto biológico, genealógico, psicológico y sociológico, y tus pensamientos internos profundos?

P. 4. Cuando la respuesta de otras personas hacia ti, o hacia algo que haces, es un desafío a la forma en que tú te ves a ti mismo(a), ¿puedes evaluar esa retroalimentación en base a un profundo conocimiento de ti mismo, y aprender algo a partir de ahí?

B. Capacidad consciente

P. 1. ¿A veces sientes una inspiración interior que te dice que deberías hacer algo o que no deberás hacer algo que estás a punto de hacer?

P. 2. ¿Percibes la diferencia entre "conciencia social" (lo que la sociedad te ha condicionado a valorar) y tus propias directivas interiores?

P. 3. ¿Percibes internamente la realidad de principios como la integridad y la confiabilidad?

P. 4. ¿Ves una pauta en la experiencia humana, que es más grande que la sociedad en que vives y que valida la realidad de esos principios?

C. Voluntad independiente

P. 1. ¿Eres capaz de cumplir promesas ante ti y ante otros?

P. 2. ¿Tienes la capacidad para actuar de acuerdo a lo que te ordena tu interior, incluso cuando signifique nadar contra la corriente?

P. 3. ¿Has desarrollado la habilidad de establecer y alcanzar metas significativas en tu vida?

P. 4. ¿Puedes subordinar tus estados de ánimo a tus compromisos?

D. Imaginación creativa

P. 1. ¿Piensas las cosas con anticipación?

P. 2. ¿Visualizas tu vida más allá de tu realidad presente?

P. 3. ¿Utilizas la visualización para ayudarte a reafirmar y realizar tus metas?

P. 4. ¿Buscas formas nuevas y creativas para resolver problemas en una variedad de situaciones y valoras los diferentes puntos de vista de otras personas?

Después de responder a estas preguntas, suma tus puntos para cada una de las cuatro secciones de facultades psicológicas por separado, y mídelas como se explica a continuación.

Interpretación

De 0 a 7 puntos: Facultades inactivas

Necesitas cultivar tus facultades en gran medida.

Para:

Conciencia de ti mismo(a), si no estás seguro(a) de la razón por la cual sigues haciendo cosas que sabes son dañinas o contrarias a tus propósitos, analízalo, procésalo, ponlo por escrito en un diario. Eso te ayudará a ver cómo funciona en tu vida la ley de la cosecha y cómo los resultados pueden rastrearse al proceso y a los hábitos. Esto te ayuda a estar consciente de tus "libretos" y te ayuda a hacer elecciones prudentes.

Para la:

Capacidad consciente, si sientes un llamado interno y pareces ignorarlo, escribe lo que ocurre como resultado. Este proceso te ayudará a prestar más atención a ese sistema interno de guía, fortalecerá y educará a tu conciencia.

En el caso de la

Voluntad independiente, si no eres capaz de usar tu voluntad independiente para cumplir el compromiso que tienes contigo mismo(a) o con alguien más, explora las razones por las cuales no puedes hacerlo. ¿Hiciste tu compromiso con indiferencia, con prisa o no es un compromiso realista? ¿Ha sido una de tus prioridades más importantes? El darte cuenta de estos factores te ayudará a desarrollar tu compromiso.

Para la:

Imaginación creativa, crea en tu mente lo que esperas crear en tu vida. Analiza tus sueños, viéndolos desde lejos y estúdialos hasta que te convenzas de que se basan en principios que producirán resultados. Luego usa tu imaginación creativa para explorar nuevas aplicaciones, nuevas formas de hacer cosas que se basan en principios poderosos para así transformar tus sueños en acciones. Este enfoque te ayudará a ver y a mejorar día tras día la forma en que te estás desarrollando y en que estás usando tus talentos.

De 8 a 12 puntos: Facultades activas

Conoces el arte de la imaginación creativa y la forma de transformar tus resoluciones en realidades. El darte cuenta de tu poder y de tu pasión es una gran ayuda que hará posible que tu vida tenga más sentido y que tengas más éxito.

De 13 a 16 puntos: Facultades altamente desarrolladas

Al parecer tienes una "brújula" para detectar lo que en verdad es importante en tu vida. Tienes la visión y el enfoque correctos para dar sentido a tu vida y para hacer que tenga un propósito de éxito. Nos preguntamos si aquello que defendemos da forma a nuestra vida. Sigue concentrándote en tus facultades únicas y observa cómo transforman la sinergia de tu vida.

40. ¿Existe equilibrio y sinergia entre tus necesidades humanas?

El poder que puede tener el ser humano implica que se satisfagan ciertas necesidades fundamentales. Si estas necesidades básicas no se satisfacen, nos sentimos vacíos, incompletos. Tal vez intentemos llenar ese vacío volviéndonos complacientes, sintiendo una satisfacción temporal por haber logrado una realización parcial. Estas zonas vitales de realización humana son imperativas para nuestra fuerza y nuestro crecimiento psicológico. Nuestras necesidades físicas, mentales, psicológicas y sociales afectan tremendamente a nuestra psique. Si cualquiera de estas necesidades no se satisface, reduce nuestra calidad de vida y puede llegar a convertirse en un agujero negro que devora nuestra energía y nuestra atención.

¿Cómo trabajamos para satisfacerlas? A menudo parecemos ignorar la realidad de su poderosa sinergia. El punto en que estas necesidades se traslapan es donde encontramos el equilibrio interno, una profunda realización y un gran gozo. Por ejemplo, si consideramos que nuestra necesidad psicológica de aprender y crecer está separada de nuestra necesidad social de amar y ser amados, podríamos no tratar de aprender cómo amar a otros seres humanos con un amor verdadero y profundo.

Por tanto, aunque estemos incrementando nuestros conocimientos académicos, podríamos estarnos encogiendo en nuestra capacidad de relacionarnos significativamente con otros. El dividir la vida en compartimientos afecta a cada una de las demás dimensiones en forma negativa. Sólo cuando vemos la interrelación y la poderosa sinergia de nuestras necesidades fundamentales, nos llenamos de poder para lograr propósitos que valen la pena. Cuando vemos la interrelación de estas necesidades, nos damos cuenta de que la clave para satisfacer una necesidad que no se ha satisfecho está en abordar las demás necesidades, no en ignorarlas. Eso hace posible que se fortalezcan las condiciones que nos dan el poder para enfrentar los problemas de la vida de la mejor manera posible.

¿Qué tanto te afectan estas necesidades y qué tanto afectan tu calidad de vida? Tal vez descubras que es útil pensar en las siguientes preguntas respondiéndolas con "sí" o "no", y determinar el nivel en que has satisfecho con éxito las necesidades fundamentales de tu vida.

Marca las preguntas con las que estés de acuerdo

P. 1. ¿Tienes una constante energía y capacidad física a lo largo del día?

P. 2. ¿Hay cosas que te gustaría hacer pero que no puedes hacer porque te sientes cansado(a), enfermo(a) o en mala condición física?

P. 3. ¿Estás en una posición de seguridad financiera?

P. 4. ¿Puedes satisfacer tus necesidades financieras y has apartado ciertos recursos para el futuro?

P. 5. ¿Tienes deudas, trabajas durante muchas horas y apenas si puedes salir adelante?

P. 6. ¿Tienes relaciones enriquecedoras y satisfactorias con otras personas?

P. 7. ¿Eres capaz de trabajar con otros con efectividad para lograr propósitos comunes?

P. 8. ¿Te sientes alejado(a) y solitario(a), incapaz de disfrutar tiempo de calidad con las personas que amas, o sientes que se te está retando al trabajar con otros debido a malentendidos, falta de comunicación, politiqueo, murmuraciones o el hecho de culparse y acusarse mutuamente?

P. 9. ¿Constantemente estás aprendiendo, creciendo y encontrando nuevas perspectivas y adquiriendo nuevas destrezas?

P. 10. ¿Te sientes estancado(a), sientes que se te impide avanzar profesionalmente o de llevar a cabo otras acciones que te interesan porque no tienes la preparación o la destreza para hacerlo?

P. 11. ¿Tienes un sentido claro de dirección y propósito que te inspira y te llena de energía?

P. 12. ¿Sientes vaguedad en cuanto a lo que es importante para ti y no ves con claridad lo que en realidad deseas hacer con tu vida?

Asigna un punto por cada respuesta afirmativa en las preguntas número 1, 3, 4, 6, 7, 9, 11, pon una respuesta negativa en las preguntas número 2, 5, 8, 10 y 12.

Interpretación

De 1 a 4 puntos: Al parecer no estás respondiendo a tus necesidades humanas básicas: espirituales, mentales, físicas y sociales. Estas necesidades insatisfechas tienen un gran impacto en tu calidad de vida. Este tipo de problemas surgen cuando estamos sembrando una cosa y esperamos cosechar algo totalmente distinto. Al parecer eres víctima de atajos y de la falsa ilusión de las soluciones apresuradas, y muchos de tus paradigmas fundamentales y de los procesos y hábitos que brotan de ellos no producen el resultado que supones podrían producir. Esto no sólo afecta tu capacidad de darte cuenta de tus necesidades fundamentales, sino también la forma en que tratas de satisfacerlas. Ve al grano y desarrolla una mejor perspicacia que sea más realista para satisfacerlas. Recuerda que la ley de causa y efecto es una ley de la naturaleza que es infalible e inexorable y que funciona en forma inexorable en la vida humana y en la sociedad.

De 5 a 8 puntos: Parece que eres bastante realista en el manejo de tus necesidades fundamentales pues tienes hábitos y procesos adecuadamente cultivados. No sucumbes a la tentación de las etéreas satisfacciones a corto plazo ni de las vanas promesas de los atajos, la publicidad, la filosofía del "programa del mes" ni del tipo de literatura que fomenta "fórmulas para el éxito", lo que fundamentalmente se basa en la falsa ilusión de las soluciones apresuradas y carece de sustancia. Tus técnicas equilibradas de procesamiento psicológico parecen darte la destreza de nutrir tus necesidades en forma bastante equilibrada.

De 9 a 12 puntos: Tienes verdadero poder y eres diestro(a) en el arte de abordar tus necesidades crónicas subyacentes y sus soluciones a partir de principios que son la fuente de resultados a largo plazo en tu calidad de vida. Parece que has descubierto verdaderas realidades cósmicas que gobiernan tu calidad de vida y has alineado tu vida de acuerdo a ellas. Eres capaz de cultivar tu libertad humana básica en tu espacio psicológico, y sus poderosos dones te enriquecen.

41. ¿Eres un soñador o una soñadora?

Cada uno de nosotros es una mezcla compleja y sutil de características. Los psicólogos se refieren a esta cualidad única como diferencias individuales. Constituyen las diferencias que hay en nuestro yo interno y la forma en que cada uno de nosotros prefiere encargarse de las cosas. No es sorprendente que las diferencias en nuestras elecciones, en las cosas que nos fascinan y nuestras tendencias innatas sean naturales y tengan un papel vital en nuestro enfoque hacia la vida. Algunos de nosotros creemos en mantener vivos nuestros sueños, a pesar de las presiones actuales de la cultura del consumismo, y los consideramos valiosos; sin embargo, otras personas consideran que no son prácticos y prefieren hacerlos a un lado. ¿A qué categoría perteneces? **Verifícalo respondiendo "sí" o "no" a las siguientes preguntas. Marca las preguntas con las que estés de acuerdo.**

Te fascinan…

P. 1. ¿La bruma… la niebla… las nubes flotantes?

P. 2. ¿Los colores suaves… los tonos pastel?

P. 3. ¿Colinas tortuosas… mares transparentes… riachuelos espumosos… cascadas soñadoras?

P. 4. ¿Árboles altos y majestuosos… árboles llenos de flores y sin hojas?

P. 5. ¿Blancas flores centelleantes… y fragantes?

P. 6. ¿Aromas suaves?

P. 7. ¿Recuerdos nostálgicos?

P. 8. ¿La sonrisa de un niño inocente, una mascota o un ave?

P. 9. ¿Escuchar el silencio en un entorno pintoresco?

P. 10. ¿Paisajes serenos?

P. 11. ¿Poesía que provoca pensamientos?

P. 12. ¿Cartas que te hacen reflexionar?

P. 13. ¿Tonos suaves en una pintura artística?

P. 14. ¿La sensación aterciopelada de una voz?

P. 15. ¿Música suave?

P. 16. ¿La luz de la luna?

P. 17. ¿Guijarros / conchas / plumas y flores secas?

P. 18. ¿Lo sutil, lo manso y lo tranquilo?

P. 19. ¿Castillos en el aire, ensueños?

P. 20. ¿Películas sentimentales, tiernas y románticas?

Asigna un punto por cada respuesta **afirmativa**.

Interpretación

Más de 10 puntos: Soñador(a): Eres profundamente sensitivo(a) y tienes ternura; al parecer te deleitas con relaciones muy intensas. Estás lleno(a) de aspiraciones y tiendes a ser romántico(a) y a mostrar interés en los demás. Te caracteriza la intuición y una imaginación volátil, así que puedes recibir una gran inspiración del mundo inmaterial. Eres místico(a) y puedes comunicar tu visión interna a través de las artes o de las ciencias.

Como eres un soñador, un visionario espiritual, el poeta, el artista o el psíquico que hay en tu interior disfruta el hecho de alejarse de la realidad mundana de la vida cotidiana. Si las circunstancias llegan a atraparte en algún lugar, buscas el solaz en tu propio mundo interior. Tiendes a ver a la persona que amas a través de cristales color de rosa, y te niegas a admitir que tu amor idealizado en un ser humano después de todo.

Sin embargo, si te involucras con personas demasiado realistas, prosaicas e incapaces de estimular una imaginación vívida, tu naturaleza escapista toma el control como respuesta al aburrimiento que sientes. Te gusta escapar de la rutina cotidiana y refugiarte en un mundo de sueños. Así que trata de no buscar la compañía de gente prosaica y desapasionada. Conserva tu individualidad.

De 6 a 10 puntos: Creador(a) de Armonía: Dedicas gran cantidad de energía a buscar la armonía. Disfrutas las cosas buenas de la vida. Tienes el corazón lleno de emociones pero sólo las expresas en forma muy gradual.

Te desagrada lo aburrido y lo mundano. Las emociones tienen un papel importante en tu vida pero conoces el arte de equilibrarlas con la realidad.

De 1 a 5 puntos: Realista: Tienes un enfoque reflexivo y siempre observas antes de saltar, analizando todas las consecuencias posibles de una relación. Pareces tener pocas ilusiones sobre temas del corazón, y tiendes a ser demasiado práctico para dejarte ilusionar. Te agrada tener un enfoque cauteloso hacia la vida y tu cerebro suele dominar a tu corazón.

42. ¿Eres adicto(a) a la urgencia?

Es un hecho interesante que en la mayoría de las personas exista una gran tendencia a actuar a partir de un paradigma de "urgencia" al realizar sus actividades diarias, en lugar de actuar basándose en "importancias". Esto tiene un profundo efecto en los resultados que se obtienen en la vida. Pocas personas entienden la forma tan poderosa en que la urgencia afecta sus elecciones. La mayoría se inclina a contestar el teléfono que está sonando, a atender a un bebé que llora, a prestar atención al vendedor que está en la puerta y así sucesivamente. A menudo, estos impulsos afectan el paradigma del otro factor, que es la "importancia". Saber qué es importante y llevarlo a cabo, en lugar de responder a lo que es urgente, es fundamental para poder dar prioridad a lo primordial.

¿Cuánto control tiene la urgencia sobre tu vida? Trabaja con el ejercicio que aparece a continuación y averigua el grado en que te relacionas con las afirmaciones que aparecen en él, lo que te dará cierta idea del grado en que podrías estar viendo la vida a través del paradigma de la urgencia.

Al leer cada afirmación, asigna el número que refleja tu comportamiento o tus actitudes normales en relación con cada afirmación (0 = nunca; 2 = a veces; 4 = siempre).

Suma los puntos de todas las afirmaciones

P. 1. Parece que hago mi mejor trabajo cuando estoy bajo presión.

P. 2. A menudo culpo a las prisas y a la presión de cosas externas por no poder dedicar tiempo a estar conmigo mismo(a) y tener una introspección profunda.

P. 3. A menudo siento frustración por la lentitud de las personas y las cosas que me rodean. Odio esperar y hacer cola.

P. 4. Me siento culpable si tomo tiempo de mi trabajo para descansar.

P. 5. Siempre parece que estoy de prisa al ir de un lugar a otro o al asistir a eventos.

P. 6. A menudo me doy cuenta de que presiono a las personas para poder terminar un proyecto.

P. 7. Sufro ansiedad cuando no estoy en contacto con mi oficina durante más de unos minutos.

P. 8. A veces me preocupo por una cosa mientras hago otra.

P. 9. Me desempeño mejor cuando estoy manejando una situación crítica.

P. 10. La adrenalina que hay en mi interior y que proviene de una situación crítica me parece más satisfactoria que una serie de logros con resultados a largo plazo.

P. 11. A menudo renuncio a pasar tiempo de calidad con personas que son importantes en mi vida para manejar una crisis.

P. 12. Supongo que es natural que las personas comprendan si llego a desilusionarlas porque tengo que encargarme de una situación crítica.

P. 13. Considero que si resuelvo una crisis eso da a mi día significado y propósito.

P. 14. Con frecuencia tomo mi almuerzo u otras comidas mientras trabajo.

P. 15. Siempre pienso que algún día podré hacer lo que en realidad quiero hacer.

P. 16. El hecho de que al final del día haya una enorme pila de papeles en mi canastilla de salida me hace sentir que he sido muy productivo(a).

Interpretación

De 0 a 25 puntos: Actitud de poca urgencia: Es probable que el paradigma de urgencia no sea un factor importante en tu vida. Pareces tener suficiente equilibrio para conocer tu paradigma de "importancia" y creer que hacer lo que es importante en lugar de sólo responder a lo que es urgente es la opción correcta y tiene un profundo efecto en los resultados que obtienes de la vida. Eres muy flexible y espontáneo(a), no estás encadenado por planes ni horarios. Tiendes a tener relaciones más satisfactorias y enriquecedoras con otras personas, ya que sientes que las personas son más importantes que los horarios. Tienes suficiente sensatez para negarte a etiquetar, estereotipar, categorizar y prejuzgar. Te inclinas más a la sinergia y continuamente estás aprendiendo, pues tu experiencia te proporciona una educación. Creas tus propios límites y no trabajas hasta caerte de cansancio bajo el impulso de una adicción a la urgencia; no gastas hasta que agotas tu crédito ni sigues adelante con un proyecto hasta que se te acaba el tiempo. Has aprendido a aplicar principios y a usar la sabiduría en tus propios límites para maximizar tu eficiencia y llevar una vida más equilibrada. Decididamente tienes confianza y seguridad. Tiendes a aumentar tu habilidad y a crear y cumplir compromisos contigo mismo(a) y con otros, a medida que incrementas tu integridad personal.

De 26 a 45 puntos: Fuerte actitud de urgencia: La urgencia parece controlar tu vida en gran medida. Al parecer te sientes de maravilla temporalmente cuando dedicas la mayor parte de tu tiempo a resolver crisis urgentes e importantes. Al parecer tu seguridad brota ante todo de tus negocios. Hacen que sientas que tienes valía, que eres popular y te agradan. Tiendes a usar la urgencia como una buena excusa por no encargarte de las prioridades (asuntos más importantes) en tu vida. Esto podría empeorar tu desempeño y pacer que perdieras relaciones.

46+ puntos: Adicción a la urgencia: Al parecer dependes por completo de tu adicción a la urgencia para tener una sensación de emoción y energía. Te entusiasma. ¡Te sientes útil, exitoso(a), y heroico(a)! Rara vez te das cuenta de que la adicción a la urgencia es un comportamiento destructivo que llena temporalmente el vacío que crean las necesidades insatisfechas. Y en lugar de satisfacerlas, estos instrumentos y estos enfoques al manejo del tiempo a menudo alimentan esa adicción. Hacen que uno se concentre en dar prioridad a las urgencias. Este tipo de experiencias adictivas tienden a erradicar el dolor y otras sensaciones negativas de la psique, al proporcionarte una sensación artificial de valía, control, seguridad, intimidad y logros. Pero la adicción a la urgencia es tan peligrosa como cualquier otra dependencia reconocida. No permitas que tu vida y tu cultura la refuercen.

El atractivo momentáneo de esta adicción a la urgencia, que te parece irresistible e importante, devora tu energía, y más tarde te produce una sensación de pérdida cuando recuerdas las tareas vitales que hiciste a un lado, y te das cuenta de que te convertiste en un esclavo de la tiranía de las urgencias.

43. Tu cociente de racionalidad

Los individuos varían en sus percepciones cognitivas y en sus ideas. Los terapeutas cognitivos tienden a concentrarse en los procesos cognitivos erróneos como el elemento crucial del comportamiento mal adaptado. Una de las razones principales de esto es su creencia de que los procesos cognitivos como la atención, la percepción, los pensamientos y las creencias, podrían afectar al comportamiento en forma independiente. La investigación siempre muestra que a menudo lo que da forma a las acciones de las personas es la forma en que interpretan los sucesos externos y reaccionan a ellos, no los sucesos en sí. La terapia racional-emotiva de Elbert Ellis es una terapia cognitiva muy conocida, que supone que nuestros problemas emocionales y de conducta son el resultado de pensamientos distorsionados y de reacciones a sucesos externos, y no son el resultado de los sucesos en sí. Las reacciones emocionales y de conducta ante los sucesos pueden ser apropiadas o inapropiadas. Por lo tanto, un terapeuta racional-emotivo se concentra en cambiar los pensamientos y creencias de su cliente como una forma de cambiar su conducta.

El creer en ideas y suposiciones irracionales a menudo lleva a un comportamiento autodestructivo. Averigua en qué medida tiendes a creer o a no creer en ellas, lo que hace que seas racional o irracional en tu conducta. **Marca las afirmaciones en las que creas.**

Creo que…

P. 1. Uno debe, sí *debe*, tener una aprobación y un amor sincero, prácticamente todo el tiempo, por parte de las personas que son importantes para uno.

P. 2. Uno debe ser absolutamente competente, inteligente y triunfador en todos los aspectos posibles.

P. 3. Las personas que te dañan o que cometen fechorías por lo general se clasifican como individuos malvados o villanos y se les debería culpar severamente, condenarlos y castigarlos por sus pecados.

P. 4. La vida se vuelve terrible, aterradora o catastrófica cuando las cosas no suceden como a uno le gustaría que sucedieran.

P. 5. La desdicha emocional viene de presiones externas y uno tiene poca habilidad para controlar sus sentimientos o de librarse de la depresión y la hostilidad.

P. 6. Es más fácil evitar el encarar muchas de las dificultades de la vida y de las responsabilidades personales que optar por formas más satisfactorias de autodisciplina.

P. 7. Las personas o las cosas deberían ser mejores de lo que son y uno tiene que considerar que todo es horrible y espantoso si no encuentra buenas soluciones a los problemas de la vida.

P. 8. La gente necesita algo más fuerte y más grande que ella en lo cual confiar.

P. 9. Concentrarse en el respeto propio o lograr la aprobación de otros en las cosas prácticas, es el enfoque correcto hacia la vida.

P. 10. Ciertas acciones son inapropiadas o antisociales, y las personas que las hacen tienen un comportamiento estúpido, ignorante o neurótico.

P. 11. Es posible que las cosas no sucedan como uno desea. Lo mejor es tratar de cambiar o controlar condiciones. Si no puedes hacerlo, lo mejor es aceptar lo que suceda.

P. 12. Lo que se conoce como "la forma fácil de hacer las cosas", a la larga es invariablemente mucho más difícil.

P. 13. Es mejor correr el riesgo de pensar y actuar en forma independiente.

P. 14. Uno debe esforzarse al máximo y aceptarse como una persona que tiene limitaciones y errores humanos.

P. 15. Hay que tratar de entender que nadie tiene control sobre todas las cosas. El mundo está lleno de probabilidades y oportunidades y uno puede disfrutar la vida a pesar de todo.

P. 16. Uno tiene un enorme control sobre sus emociones si decide esforzarse por cambiarlas.

Respuestas correctas

Afirmaciones con respuestas afirmativas: 9, 10, 11, 12, 13, 14, 15 y 16.

Afirmaciones con respuestas negativas: 1, 2, 3, 4, 5, 6, 7 y 8.

Interpretación

De 1 a 5 puntos: Cociente de racionalidad bajo.

De 6 a 10 puntos: Cociente de racionalidad medio.

De 11 a 16 puntos: Cociente de racionalidad alto.

44. ¿Tienes enfermedades psicosomáticas?

A menudo las enfermedades de la gente no sólo son disfunciones biológicas; también tienen componentes psicológicos y sociales. Hay personas cuyo estilo cognitivo las predispone a exagerar sus sensaciones corporales normales, a malinterpretar y a considerar catastróficos hasta sus menores síntomas y a pensar en términos concretos no en términos subjetivos. Por lo tanto, es posible que malinterpreten sus cambios fisiológicos considerándolos problemas graves de salud. Los psicólogos conductistas afirman que esto a menudo sucede porque en su historial de aprendizaje las recompensas por estar enfermos se han reforzado más que el tener una vida libre de enfermedades. A menudo tienen un historial de la infancia en el que recibieron atención y compasión durante las enfermedades y este proceso de condicionamiento los predispone a adoptar el papel de un enfermo para enfrentar la vida siendo adultos. Este mecanismo de defensa a menudo los impulsa a transformar su vida. Esto crea una tendencia a la hipocondría, y a prestar más atención a las sensaciones corporales, y a considerar catastróficas más y más creencias falsas sobre la enfermedad y a temer el envejecimiento y la muerte. La terapia cognitiva tiene el propósito de enseñar a los pacientes a poner a prueba sus falsas hipótesis sobre sus sensaciones corporales.

Responde las siguientes preguntas con "sí" o "no", y descubre tu posición con respecto a este fenómeno.

Marca las preguntas con las que estés de acuerdo.

A menudo descubres que…

P. 1. ¿Estás ansioso de saber sobre diversas enfermedades?

P. 2. ¿En general te preocupa y te angustia tu mala salud?

P. 3. ¿Te preocupa no estar durmiendo lo suficiente?

P. 4. ¿Estás demasiado consciente de que tu peso no es normal?

P. 5. ¿Sufres en forma persistente por enfermedades para las que no se encuentra una base médica?

P. 6. Experimentas mediocridad al llevar a cabo tus actividades habituales diarias.

P. 7. ¿No estás seguro de que podrás recuperarte de tu "enfermedad"?

P. 8. ¿Te gusta quedarte en casa y no ir a trabajar o al colegio porque tiendes a sentirte "mal"?

P. 9. ¿Cuando estás bajo tensión, sientes que tu ritmo cardiaco se acelera, y sueles decir "estoy teniendo un ataque cardiaco" en lugar de decir "Me siento nervioso(a)"?

P. 10. ¿El temor a la vejez y a la muerte parecen abrumarte?

P. 11. ¿Si aparece una leve urticaria en tu cuerpo, a menudo deseas asegurarte de que no estás sufriendo una enfermedad mortal?

P. 12. ¿Dedicas horas a leer textos de medicina para asegurarte de que no tienes síntomas de una enfermedad peligrosa?

Cuenta un punto por cada respuesta **afirmativa**.

Interpretación

A. De 6 a 12 puntos: Hay cierto conflicto psicológico en tu interior que hace que sufras del trastorno somatoformo. Tu problema es la hipocondría. Si no pueden encontrarse suficientes bases médicas para tus problemas físicos, es probable que padezcas el trastorno somatoformo. Al parecer hay cierta ansiedad en tu interior que proviene en gran parte de tus deseos inaceptables. Al parecer un fuerte elemento de regresión o de retorno a la infancia está atrayendo a tu yo subliminal y sientes que así recibirás atención, compasión y cuidado por parte de otras personas y que en esa forma podrás sentirte libre de responsabilidades. De ese modo intentas recuperar tu yo reprimido y resolver los problemas que te está creando. También sueles experimentar las recompensas del "papel de estar enfermo(a)" y utilizas ese papel para enfrentarte a los acontecimientos que te causan estrés. Bueno, ha llegado el momento de darte cuenta de que debes cambiar tu pauta de conducta; es necesario cambiar el patrón de pensamiento en que se basa. Esta exploración personal gradualmente te revelará nuevas formas de pensar y de sentir; y podrás identificar los patrones de pensamiento que provocan tu mala adaptación a la realidad.

B. De 1 a 5 puntos: Al parecer estás libre de trastornos somatoformos. Tu preocupación por ti mismo(a) está dentro de la tendencia normal del individuo promedio en lo relacionado con el bienestar personal.

45. ¿Estás bien adaptado(a)?

Los trastornos psicológicos de los adolescentes y los jóvenes se están volviendo cada vez más comunes en la época actual que es tan competitiva y requiere de tanta especialización. Estos trastornos incluyen una amplia gama de problemas. Algunos se parecen a los trastornos de los adultos pero otros son estrictamente problemas de la juventud. Los estudios empíricos identifican cuatro clases de trastornos de este tipo: 1) Trastornos de comportamiento antisocial, lo que incluye comportamientos impulsivos, agresivos o berrinches; 2) trastornos de angustia emocional, como la ansiedad y la depresión; 3) trastornos relacionados con hábitos, es decir trastornos relacionados con comer, dormir, etc.; y 4) trastornos específicos del desarrollo y relacionados con problemas de aprendizaje. Los jóvenes podrían tener trastornos de diversas categorías al mismo tiempo. Estos trastornos podrían afectar su vida adulta en diversas formas. Un trastorno podría simplemente persistir hasta la edad adulta en forma similar, como en el caso del comportamiento antisocial. Los trastornos más comunes de angustia emocional son trastornos que se llevan al "interior": la víctima lleva el conflicto a su interior y cae en la depresión o en la ansiedad. Nuestros jóvenes sufren muchas de las ansiedades y desajustes que los adultos y también podrían presentar el trastorno por evitación, es decir, miedo a los extraños y tendencia a evitarlos, o un trastorno de ansiedad excesiva, una condición de ansiedad dominante o miedos exagerados. Para enfocar tu pauta de adaptación en lo relacionado con las crecientes demandas de estos tiempos de cambio, responde a las siguientes preguntas y descubre tu posición. **Marca las preguntas con las que estés de acuerdo.**

A menudo…

P. 1. ¿Hablas de tus problemas personales con tus amigos?

P. 2. ¿Sientes que tu futuro será oscuro y turbio?

P. 3. ¿Participas en debates para organizar días de campo, reuniones, etcétera?

P. 4. ¿Consideras que la vida está llena de tristeza y de dificultades?

P. 5. ¿Sientes que otros son más felices que tú?

P. 6. ¿Sientes que tus padres son responsables de muchas de tus dificultades?

P. 7. ¿Te desagrada reunirte con desconocidos?

P. 8. ¿Te llevas bien con tus compañeros?

P. 9. ¿Inicias muchos pasatiempos y los abandonas con facilidad?

P. 10. ¿Sientes que no les haces justicia a tus estudios?

P. 11. ¿Te da vergüenza llevar a tus amigos a tu casa porque no está limpia o no está bien amueblada?

P. 12. ¿Hablas con tus maestros sobre tus problemas?

P. 13. ¿Sientes que eras más feliz durante tu infancia?

P. 14. ¿Sientes que las personas que se suicidan en cierta forma están haciendo lo correcto?

P. 15. ¿Sientes inseguridad al conocer a personas importantes que tienen altos puestos?

P. 16. ¿Sientes incomodidad si estás en una reunión de personas del sexo opuesto?

P. 17. ¿Te es difícil tomar decisiones rápidas?

P. 18. ¿Sientes que el éxito en la vida no depende de las buenas calificaciones en los exámenes?

P. 19. ¿Tienes la sensación de que no eres atractivo(a) para las personas del sexo opuesto?

P. 20. ¿Tienes la sensación de que no eres competente para realizar muchas de las tareas que se te asignan?

Anota un punto por cada respuesta afirmativa, excepto en las preguntas 1, 3 y 12.

Interpretación

De 13 a 20 puntos: Al parecer existe un grave problema de adaptación. Aaron Becky, un terapeuta cognitivo, afirma que las causas primordiales de este tipo de trastornos de adaptación son pensamientos negativos, como los relacionados con autodevaluarse, una visión negativa de las experiencias de la vida y una visión pesimista del futuro. La terapia cognitiva constructiva considera que esto es un proceso de desarrollo en el que la autoexploración produce gradualmente mejores estilos de adaptación que incluyen el identificar y alterar los patrones de pensamiento relacionados con la mala adaptación y las actitudes o expectativas destructivas, reemplazándolas con autoestima, valía personal y confianza en nuestras habilidades para enfrentar la realidad.

De 7 a 12 puntos: Parece que tu problema no es tan agudo. Un esfuerzo consciente de tu parte en relación con los puntos que se señalan antes, debería ayudarte a combatirlos. Debes aprender a hacer atribuciones que no sean tan internas ("No fue mi culpa"), que sean menos estables ("Las cosas no siempre van a ser así") y que sean menos globales ("No todo es malo"). Esto reconstruirá tu autoestima y tu esperanza, lo que incrementará tu nivel de actividad y tu capacidad para resolver problemas con eficacia.

De 1 a 6 puntos: *¡Felicidades!* Estás bien adaptado(a) y tienes confianza; representas al grupo de personas que tienen seguridad personal, cualidades de liderazgo y pueden responder adecuadamente a casi cualquier tipo de situación. Tu adaptabilidad hace de ti una persona cuya compañía disfrutan otros y un modelo para ellos.

46. ¿Eres una personalidad poderosa?

La mayoría de las personas sentimos que algo es posible por encima de lo ordinario, que hay momentos en los que algo relacionado con nuestra vida, nuestra familia, nuestra comunidad, nuestro mundo despierta en nosotros una sensación de que hay posibilidades, de que la vida podría ser extraordinaria. Sería maravilloso si todos viviéramos y trabajáramos con esta sensación en culturas llenas de fortaleza y con un alto nivel de confianza. Obviamente no estamos viviendo así. Pero si esa es la razón de un cambio negativo en lo relacionado con nuestro optimismo y si renunciamos a nuestro espacio, al espacio que nos permite elegir respuestas constructivas, tendemos a debilitarnos. Otorgamos poder a las circunstancias y a las debilidades de otras personas para que nos controlen. Ponemos nuestra energía en cosas sobre las que no tenemos control. Si por el contrario, concentráramos nuestra energía en un liderazgo centrado en principios, si actuáramos con integridad para crear el entorno en que nosotros y otras personas desarrollamos nuestro carácter, nuestra competencia y nuestra sinergia, nuestro círculo de influencia crecería y nos llenaríamos de poder. Por lo tanto, si cultivamos la serenidad para aceptar lo que no podemos cambiar y hacemos acopio de valor para cambiar aquello que sí podemos cambiar, tendremos la sabiduría para darnos cuenta de la diferencia.

Las siguientes preguntas tienen el propósito de medir tu poder en todas direcciones. Si respondes "sí" o "no" en forma espontánea, reflejarás tu historia interior. **Marca las afirmaciones con las que estés de acuerdo.**

A menudo descubres que…

P. 1. Hay demasiado que hacer y muy poco tiempo para hacerlo.

P. 2. Estás muy ocupado(a) pero no estás haciendo lo que sientes que deberías hacer.

P. 3. Tus horarios te causan problemas.

P. 4. Estás teniendo éxito en un aspecto de tu vida pero estás fracasando en otros.

P. 5. No sientes que tienes tu vida bajo control.

P. 6. Te consumen las crisis.

P. 7. No obtienes los resultados que esperas en la vida.

P. 8. La vida no te emociona.

P. 9. No sientes que estás creciendo.

P. 10. No te sientes en paz.

P. 11. No tienes un sentido de significado o propósito en tu vida.

P. 12. Tienes una sensación de desequilibrio en tu vida.

P. 13. Necesitas mejorar tu capacidad para tomar decisiones rápidas.

P. 14. Te estás volviendo más eficaz.

P. 15. Tienes problemas con tus metas.

P. 16. Necesitas fomentar relaciones enriquecedoras y satisfactorias con otros.

P. 17. Necesitas trabajar en forma productiva con otros.

P. 18. Otras personas son la raíz de tus problemas.

P. 19. Necesitas superar la gravedad del tiempo.

P. 20. Te es difícil transformar tus resoluciones en realidades.

P. 21. Es difícil delegar sin perder el control.

P. 22. Te es difícil vivir en forma poderosa.

Asigna un punto por cada respuesta afirmativa.

Interpretación

Más de 12 puntos: Definitivamente tienes problemas para otorgarte poder. Pero debes recordar que ese poder no se puede instalar; tiene que cultivarse. Es necesario propiciar condiciones que lo creen. La confianza, el carácter y la competencia son muy útiles en este proceso. Nutrir el carácter y la competencia es lo mejor que puedes hacer para crear poder en ti. Una manera importante de hacerlo es hacerte preguntas cuando te estás preparando para establecer metas: a) ¿qué conocimientos o destrezas necesitas para resolver mejor tus problemas y para interactuar con mayor eficacia con otros? b) ¿estás ejercitando valor para hacer que las cosas avancen y para resolver problemas? c) ¿eres considerado y sensible ante las necesidades de otros? d) ¿estás escuchando a tu conciencia y actuando de acuerdo a ella? Basándote en tus respuestas, puedes establecer metas que te ayudarán a mejorar y que se relacionan con el papel que puedes desempeñar.

De 7 a 11 puntos: Estás en el rango medio y al parecer te enfrentas a fuertes restricciones en lo relacionado con otorgar poder a tu estilo de vida. Debes recordar la regla básica que se aplica a este contexto; es decir, que cuando empiezas a ver las cosas desde el punto de vista de los principios, cuando haces una pausa entre el estímulo y la respuesta, y cuando actúas basándote en la importancia, por ejemplo, haciendo primero las cosas importantes, podrás ver que estás dando forma a una vida de felicidad, de plenitud y de resultados maravillosos para ti. Entonces te darás cuenta de que el vivir basándote en principios no es un fin en sí mismo. Es el medio *y* la meta. Es la calidad de nuestro trayecto por el camino de la vida y el poder y la paz que experimentamos cada día al lograr lo que más nos interesa lograr.

De 1 a 6 puntos: Posees el gran don de utilizar tu conciencia personal, la capacidad de darte cuenta de las cosas, tu voluntad independiente y tu imaginación creativa para satisfacer tus necesidades y ejercer tus capacidades basándote en principios. También sabes que los sistemas y procesos que se alinean con estos paradigmas fundamentales te otorgan poder para que puedas reflejarlos en las actividades de tu vida diaria. Sigue adelante y además cultiva esto en otros.

47. Tus palabras revelan tu verdadero yo como si fueran huellas dactilares

Así como un escultor refleja sus sentimientos o sus ideas modelando a la arcilla para darle la forma de las imágenes que tiene en la mente, nosotros esculpimos ideas y moldeamos nuestros pensamientos para reflejar nuestra psique interior a través de nuestras palabras. Cuando una palabra o un grupo de palabras aparecen con frecuencia en una conversación, son una de las claves más seguras que revelan las cosas y las personas que tienen mayor importancia en la mente de una persona. Las pausas, la inflexión de la voz, y el que elijamos ciertas palabras en nuestra conversación, son como huellas dactilares que reflejan lo que somos al revelar los significados globales, las actitudes, las intenciones y los patrones de conducta que están detrás de nuestras estrategias mentales. Como escribió Ben Jonson hace más de 300 años: "El lenguaje brota de nuestro interior". Y Anatole Broyard comenta con gran elocuencia: "Los autores que muestran un vocabulario anémico pueden ser más dañinos que una dieta poco saludable". Los científicos están utilizando métodos de análisis de contenido altamente desarrollados para medir los cambios en las actitudes de los consumidores y para diagnosticar conflictos emocionales. De manera similar las palabras a menudo revelan lo que somos. Proporcionan información vital sobre el estado psicológico de la persona. Existen ciertos métodos para hacer un rápido análisis de contenido que nos pueden ayudar a leer entre líneas cuando escuchamos una conversación ordinaria.

En tu interacción cotidiana con otros, en los mensajes o notas que escribes, tiendes a utilizar con frecuencia...

P. 1. ¿El gran pronombre: "Yo", "mi", "mío"?

P. 2. Adjetivos que reflejan aprobación como: (a) "factible", "aplicable", "funcional", "poderoso", "fuerte".

P. 3. Adjetivos que reflejan desaprobación como (b) "feo", "nefasto", "basura", "terrible".

P. 4. Palabras que reflejan comodidad como "cómodo", "divertido", "fascinante", "maravilloso", "inspirador".

P. 5. Palabras que reflejan incomodidad como "horrible", "ajetreado" "exasperante" "aburrido", "monótono".

P. 6. Palabras y frases que te favorecen como "tener respeto propio", "ser honesto" "ser detallista en el trabajo", etcétera.

P. 7. Expresiones de desprecio como "perezoso", "olvidadizo", "comodito".

P. 8. El tiempo pasado de los verbos en lugar del presente o el futuro.

P. 9. Oraciones pasivas como "Se me dijo" en lugar de decir: "Escuché".

P. 10. Construcciones activas como "trabajamos", "logramos", etcétera.

P. 11. Expresiones como "ah, eh, mm", pausas largas, toses, risas, carraspeos o gimoteos.

P. 12. Palabrería psicológica como "estar atorado", "psicótico", "paranoico" o "esquizofrénico".

P. 13. Al hablar combinas pensamientos y mezclas palabras en frases contradictorias como por ejemplo: "Dos personas pueden vivir tan barato como una, pero les cuesta el doble".

P. 14. Usas las frases de moda en tu conversación.

P. 15. Usas palabras grandilocuentes para conceptos sencillos. Por ejemplo, decir "alergia" para referirte a algo que te desagrada.

Interpretación:

Como dijo el Dr. O. Hobart Mowoer de la Universidad de Illinois: "Cuando se descompone tu coche tiendes a hablar de él más seguido". De la misma manera, cuando el equipo psíquico de una persona está rechinando, ¡su atención se dirige a él casi todo el tiempo! Los pacientes de los hospitales psiquiátricos utilizan la palabra "yo" con más frecuencia que ninguna otra palabra, la usan más o menos cada doce palabras; una frecuencia tres veces mayor que la frecuencia con que las personas normales usan esta palabra.

Tu preferencia por palabras que muestran aprobación y palabras que muestran desaprobación revela que el problema más importante en tu sistema de valores es lo *práctico*, el *tamaño* y el *poder*. Tiendes a juzgar y a valorar a los objetos y a las personas basándote en estos valores.

El que elijas palabras de aprobación te proyecta como una persona con intereses artísticos, cuyos juicios relacionados con el valor se relacionan ante todo con la estética.

4 y 5. Esto mide tu Cociente de Incomodidad y Alivio. Es decir, mide tu progreso en el ajuste emocional. Si hay un uso prominente de palabras de incomodidad en comparación con el uso mínimo o nulo de palabras de comodidad, eso refleja una actitud de "falta de armonía con el mundo". Por otra parte, el uso frecuente de palabras relacionadas con la comodidad revela una disposición alegre y optimista.

6 y 7. Como afirma el Dr. Harold Lasswell de la facultad de leyes de la Universidad Yale, la proporción entre el uso de referencias favorables y desfavorables hacia uno mismo mide la autoestima. La autoestima alta, por su parte, lo predispone a uno a tener también una disposición favorable hacia otros.

8. Parece que vives más en el pasado si se analizan tus preocupaciones por el presente y tus planes y esperanzas hacia el futuro. Si el tiempo pasado predomina demasiado, podría indicar una profunda melancolía o una depresión en tu estructura mental.

9 y 10. Tu preferencia por construcciones pasivas podría reflejar una sensación de impotencia, mientras que las construcciones activas tienden a reflejar tu sentido de poder y responsabilidad.

11. Tensiones acumuladas, ansiedad, inseguridad, inhibiciones y complicaciones.

12. Intento estereotipado por impresionar a otros.

13. Pensamiento confuso.

14 y 15. Comportamiento fingido.

48. ¿Eres una personalidad “interna” o “externa”?

Aunque muchos factores contribuyen a nuestro éxito o fracaso, cada uno de nosotros tiene una forma de mirarlo, la cual es única y refleja nuestro estilo cognitivo. Como individuos, tendemos a atribuir la “causa” de los sucesos a una fuerza que los predetermina o a nuestras acciones y capacidades. La gente ha usado diversos términos para referirse a situaciones relacionadas con la causa de situaciones sociales o personales. El más popular de estos términos es “locus de control”, lo sugirió el psicólogo Rotter y se refiere a la percepción de contingencias entre las acciones y los resultados. Se dice que las personas que tienen una alta percepción y creen que sus acciones producen los resultados son “internas” y que tienen un locus de control interno, y se dice que aquellas que creen que sus acciones no producen los resultados son “externas” y que tienen un locus de control externo.

Los siguientes pares de opciones expresan algunas de estas actitudes. Marca el factor de cada par con el que piensas que más se relaciona el éxito, si se le compara con el otro factor. Cada factor podría contribuir al éxito o al fracaso. **Sin embargo, nos interesa saber tu opinión con respecto a qué factor de cada par contribuye *más que el otro*. Sólo da tu opinión personal.**

En tu opinión, ¿cuál de los factores en cada par contribuye más al *éxito*? *Marca uno de cada par.*

1. (a) La naturaleza de la tarea.

   (b) Trabajo arduo y competencia.

2. (a) Disponibilidad de oportunidades.

   (b) Perseverancia.

3. (a) Contactos con personas o fuentes adecuadas.

   (b) Esfuerzo.

4. (a) Buena suerte.

   (b) Involucrarse en la meta.

5 (a) Condiciones favorables repentinas como heredar una suma de dinero.

   (b) Motivación.

En tu opinión, ¿cuál de los siguientes factores contribuye más al *fracaso* de una persona?

6. (a) La dificultad de la tarea.

   (b) La falta de esfuerzo.

7. (a) La falta de contactos adecuados.

   (b) La falta de perseverancia.

8. (a) Circunstancias desafortunadas.

   (b) No involucrarse en la meta.

9. (a) No tener una oportunidad.

   (b) Falta de capacidad para calcular y actuar.

10. (a) Falta de pericia técnica.

   (b) No dedicarle suficiente tiempo a la tarea.

Interpretación

Si marcaste más puntos (a) eres Externo(a)

Perteneces a la categoría de los Externos que atribuyen la causa del éxito o del fracaso de una tarea a atributos externos como la dificultad de la tarea, el destino, los contactos sociales, los sistemas sociales, etc. Por lo tanto, pareces ser más bien un fatalista. Esa actitud puede hacer que te resignes a lo que pueda suceder, pues crees que ni tú ni nadie puede hacer nada al respecto. El costo de una forma extrema de externalidad es muy alto para la persona y para la sociedad. Se sabe que esta actitud lleva no sólo a la depresión sino incluso al suicidio. Las personas pueden disfrutar la vida y alcanzar su realización personal si creen que ellas determinan su propio destino. Una sociedad que crea un sentido significativo de instrumentalización en cuanto a los resultados personales y sociales de los individuos y los grupos puede obtener un máximo de contribuciones artísticas por parte de sus miembros, y puede alcanzar nuevos niveles de civilización. Atribuir el fracaso o las condiciones negativas de la vida a factores externos podría, sin embargo, ayudar a las personas a percibir la realidad social en la perspectiva correcta, luchar contra la injusticia y rectificar la situación.

Si marcaste más puntos (b) eres Interno(a)

Definitivamente eres una persona interna que está más segura de que el esfuerzo lleva a resultados favorables y puede confiar en lo que comprende y en lo que es previsible. Una alta motivación de éxito es una característica importante de tu personalidad. Tiendes a tomar riesgos moderados o calculados y posees una actitud interior directa, pues lo que te dirige son tus propios valores internos y no sólo te dejas guiar por presiones o normas externas, también posees resistencia a la tentación, una naturaleza que tiende a ayudar, y un nivel bajo de maquiavelismo, como lo han indicado ciertos estudios psicológicos. Además, los síntomas neuróticos y psicóticos se relacionan en forma negativa con los comportamientos que se han encontrado en las personas internas, en especial la gratificación retardada y el sentido del tiempo. Por otra parte, se ha descubierto que las condiciones psicopatológicas (como la esquizofrenia y la depresión), se relacionan con los externos y con su locus de control externo. Tú, como persona interna, tiendes a tener una mayor satisfacción en el trabajo y crees que es muy probable que el trabajar arduamente lleve a un buen desempeño y a satisfacciones. Si eres la persona encargada de asignar trabajo a otros, consideras que las recompensas, el respeto y la pericia son las formas más eficaces de influir en tus subordinados, lo que se opone a lo que piensan los externos quienes consideran que la coerción y el estatus formal son medios más eficaces de lograrlo.

49. Tus actitudes

Los psicólogos sociales afirman que las actitudes, las creencias duraderas y las evaluaciones de aspectos específicos del mundo social o físico tienen un papel importante en lo relacionado con dar forma a muchos aspectos de la psique humana. Predicen y regulan el comportamiento humano. Las actitudes *específicas* que tiene un individuo son más vitales en lo relacionado con dar forma a su conducta. La actitud que tienes en forma persistente afecta tu punto de vista sobre la vida y, en consecuencia, tu comportamiento. "Dos hombres miran a través de las rejas de una prisión, ¡uno ve el lodo, el otro las estrellas!". Por tanto, el optimismo y el pesimismo son un producto de nuestra actitud hacia la vida y sus múltiples facetas. Los psicoterapeutas intentan sanar los trastornos mentales de los pacientes produciendo un cambio deseable en sus *actitudes* hacia sí mismos y hacia sus problemas. Afirman: "Llegamos a ser lo que pensamos". Por lo tanto, nuestros pensamientos y actitudes a menudo dan forma a nuestra personalidad. Ten una vista aérea de tus propias actitudes, intereses y comportamiento con la ayuda de las siguientes preguntas y comprende los aspectos latentes de tu yo interno.

Eres el tipo de persona que...

Primera parte

1. Crees en hacer planes con anticipación y te sientes...

   a) ¿Intranquilo(a) con los cambios de último momento

   b) ¿A menudo cambias de opinión en el último momento?

2. a) ¿Organizas las cosas para tu grupo de compañeros en lugar de aconsejarlos?

   b) ¿Actúas como asesor(a) y no como organizador(a) para tu grupo de compañeros?

3. a) ¿Te encanta hacer presentaciones en las reuniones o en eventos sociales para ser el centro de atención?

   b) ¿Te gusta trabajar en silencio, lejos de los reflectores?

4. a) ¿Preparas un programa de trabajo muy claro antes de iniciar una tarea?

   b) ¿Prefieres hacerte cargo de las cosas como se vayan presentando?

5. a) ¿Prefieres planificar actividades meticulosamente para hacer todo lo posible por evitar lo inesperado?

   b) ¿Te gusta dejar las cosas sin planearlas y disfrutas el reto de lo inesperado?

Segunda Parte

6. a) ¿Te gusta tomar decisiones después de analizar la situación a fondo?

   b) ¿Dependes del "instinto" para tomar decisiones?

7. a) ¿Te es relativamente fácil mostrarte amigable con personas desconocidas?

   b) ¿Necesitas hacer un esfuerzo especial para socializar con personas desconocidas?

8. a) ¿Tienes un enfoque práctico y realista ante las cosas de la vida?

   b) ¿A menudo sueñas con nuevas actividades e ideas con la "cabeza en las nubes"?

9. a) ¿Es fácil para otros llegar a conocerte y te agrada conocer a muchas personas?

b) ¿Eres el tipo tranquilo y los demás rara vez conocen tu verdadero yo?

10. a) ¿Por lo general escuchas lo que te dice tu cerebro?

b) ¿Normalmente permites que el corazón gobierne a la cabeza?

Interpretación

Primera parte

La mayoría de las respuestas están en el inciso A: Organizador

Haces planes en forma meticulosa, te gusta reunir tanta información como te sea posible y pones mucho énfasis en trabajar en forma ordenada. No te agrada arriesgarte en la vida. "Un lugar para cada cosa y cada cosa en su lugar" parece ser tu lema. Te desagrada la negligencia y la ambigüedad en los sucesos de la vida. Posees muchísima energía y dinamismo y una clara fortaleza mental.

La mayoría de las respuestas están en el inciso B: Aventurero

Tu amor a lo no estructurado y a lo ambiguo hace de ti un aventurero en espíritu. Te encanta explorar diferentes posibilidades aunque eso signifique retardar la acción. Tu preferencia por los problemas complejos te ayuda a ver posibilidades en todos los problemas. Presentas las mejores ideas cuando trabajas solo y eres bastante creativo. Prefieres tomar la vida como va llegando.

Segunda Parte

La mayoría de las respuestas están en el inciso A: Realista

Normalmente permites que tu cabeza gobierne a tu corazón y los demás te describen como una persona "práctica". Tus creencias y sentimientos personales no afectan tus decisiones. Te gusta convencerte a partir de los hechos y no de los sentimientos. Eres sociable y gregario, tiendes a ver la realidad en todas las situaciones. Eres demasiado práctico para ser sensible a las sutilezas de la vida y te gusta razonar las cosas para comprobar su validez.

La mayoría de las respuestas están en el inciso B: Pensador

Prefieres trabajar a profundidad unas cuantas cosas a la vez. Antes de realizar una tarea te preguntas: "¿Es positiva?". Tu corazón intuitivo parece gobernar todas tus decisiones y las soluciones son más claras para ti cuando las relacionas con tus sentimientos. Te gusta entrar en los detalles de las cosas y te concentras en las ideas más que en los hechos. Tiendes a ser muy imaginativo(a) y a ser introvertido(a), y prefieres socializar sólo con un pequeño grupo de personas selectas.

50. Tu crecimiento y ajuste psicológico

¿Considerarías que tienes madurez psicológica y que estás adaptado a tu entorno? El crecimiento psicológico incluye entrar a situaciones desconocidas y potencialmente peligrosas, lo que nos hace más vulnerables a ser lastimados y a sufrir desilusiones, un tema que también se encuentra en las obras de psicólogos como Carl Rogers y Rollo May, y de teólogos como Paul Tillich, quienes lo llaman "valor para ser"; es decir, el valor de afirmarnos a nosotros mismos y a nuestras posibilidades a pesar de los riesgos.

Cada vez que ponemos la seguridad antes de los retos, estamos en riesgo de estancarnos o de sucumbir al aburrimiento, la zona donde se generan tantos de los azotes relacionados con las drogas, la violencia y el sexo irresponsable. Cuando habitualmente reprimimos o negamos la tendencia inherente al crecimiento que hay en nuestro interior, corremos el riesgo de estar mal adaptados en formas obvias o sutiles.

Las siguientes preguntas te ayudarán a determinar ciertas tendencias marcadas que hay en tu interior en relación con tu crecimiento psicológico y tu capacidad de adaptare al entorno. **Responde cada pregunta con "sí" o "no".**

Parte A

A menudo...

P. 1. ¿Te sientes más cómodo(a) cuando trabajas con instrucciones claras que se te dan en relación con tu trabajo? (Sí/No)

P. 2. ¿Siempre que inicias algo sientes que vas a hacer las cosas bien y a lograr buenos resultados? (Sí/No)

P. 3. ¿Se te dificulta trabajar solo(a) y por lo general esperas a que una persona de influencia decida cómo realizar ese trabajo? (Sí/No)

P. 4. ¿Tiendes a trabajar arduamente aunque tal vez estés cansado(a) cuando se te asegura que recibirás un pago adicional o alguna compensación? (Sí/No)

P. 5. ¿Tiendes a posponer la solución a los problemas y dificultades con la esperanza de que desaparecerán por sí mismos al paso del tiempo? (Sí/No)

Parte B

P. 6. ¿Disfrutas hacer algo nuevo en lo que no siempre se conocen los resultados y en lo que existe una posibilidad de fracaso o de pérdidas monetarias? (Sí/No)

P. 7. ¿Te gusta hacer las cosas en formas diferentes y experimentar con ideas y métodos? (Sí/No)

P. 8. ¿Tiendes a pensar que en cierta forma no eres capaz de lograr que se hagan las cosas debido a tus incapacidades socio-psicológicas? (Sí/No)

P. 9. ¿Te interesa completar el trabajo tan rápido como sea posible en lugar de dedicar tiempo a tratar de buscar la mejor calidad y el mejor desempeño? (Sí/No)

P. 10. ¿Te gusta trabajar sólo en las tareas en que puedes usar tus destrezas y tus ideas? (Sí/No)

Parte C

P. 11. ¿Reflexionas en tus diversas actividades y sus resultados y los examinas, pues sientes que eso te ayuda a mejorar tus actividades futuras? (Sí/No)

P. 12. ¿Te gusta hacer las cosas de la misma manera en que las han hecho tus mayores o tus jefes? (Sí/No)

P. 13. ¿Intentas hacer que tus mayores se sientan felices trabajando con ahínco en una tarea que se te asigna? (Sí/No)

P. 14. ¿Tratas de ver si el producto está bien, en lugar de sólo terminar el trabajo? (Sí/No)

P. 15. ¿Tiendes a pensar que no eres productivo(a) porque eres apático(a) y perezoso(a)? (Sí/No)

Toma cada "Sí" como un punto en las preguntas: 1, 3, 4, 5, 8, 9 y 12.

Calcula el puntaje de cada parte por separado.

Interpretación

Si tienes más de tres puntos en la Parte A: Autonomía: Tiendes a ser suficientemente autónomo(a) para dirigir tu vida, desde los detalles cotidianos hasta las decisiones más cruciales, como las relacionadas con tu carrera profesional. No te inclinas a la "decidofobia"; en otras palabras, no te paralizas cuando tienes que tomar decisiones importantes ni te escapas de la carga de la libertad para caer en dependencias como buscar expertos o ajustarte a lo que hace la mayoría de la gente. Haces realidad tu libertad positiva, tienes un alto nivel de conciencia de ti mismo(a) y tienes la capacidad de pensar simbólicamente al igual que la capacidad de ir más allá de la obediencia ciega a las exigencias del entorno.

Si tienes más de tres puntos en la Parte B: Autoestima: Tienes una gran confianza en ti mismo(a) y una autoestima muy alta. Tienes un alto nivel de autoaceptación y tiendes a aceptar a otros, incluyendo a quienes no opinan como tú, y disfrutas tener relaciones satisfactorias con otras personas. También esperas que te vaya bien en tus actividades, te esfuerzas mucho y tiendes a tener éxito en tu carrera profesional. Te inclinas a atribuir tu éxito a tus capacidades y tomas en cuenta las circunstancias cuando interpretas tus fracasos. Al igual que Séneca, el filósofo de la antigüedad, crees que lo que piensas de ti mismo(a) es mucho más importante que lo que otros piensan de ti.

Si tienes más de tres puntos en la Parte C: Reflexivo: Tiendes a la reflexión y a la introspección en tu pensamiento. No estás ciego(a) a tus defectos y analizas en forma sensata tus puntos positivos y tus puntos negativos, intentando aprender de tu conocimiento de ti mismo(a). Sueles evaluar tu desempeño y lo juzgas basándote en altos estándares de calidad, no en la cantidad de trabajo entregado. Te gusta conservar tu integridad personal y no crees en seguir el camino fácil.

51. ¿Eres exitoso(a) como negociador(a)?

Muchos de nosotros estamos familiarizados con los principios y la mecánica de las negociaciones, pero no sabemos cómo negociar con eficacia con los seres humanos. Es irónico, pero pasamos gran parte de nuestra vida negociando con nuestros compañeros de trabajo, con nuestros jefes, con nuestros clientes, con nuestros colegas y con vendedores. Y sin embargo existen diferencias en la forma característica en que actuamos y nos relacionamos con otros. En la actualidad, más que nunca, los recursos son escasos, los presupuestos son limitados y todas las personas quieren recibir lo que merecen. En un escenario de este tipo, es más importante conocer a las personas que conocer los productos. La psicología de las destrezas interpersonales es un requisito para negociar con efectividad con todo tipo de personas y en todo tipo de situaciones. Con ella, las relaciones no sólo se conservan, sino que se enriquecen. Las investigaciones psicológicas muestran que 9 de cada 10 personas tienen *"prejuicios inconscientes"* en su trato interpersonal. Los investigadores, el profesor Anthony Greenwald de la Universidad de Washington, y el profesor Mahzarin Banaji de la Universidad Yale, recientemente activaron un sitio web a nivel mundial que permite a las personas determinar mediante pruebas sus propios niveles de prejuicios inadvertidos y su tendencia a basarse en estereotipos. Se descubrió que las personas eran totalmente inconscientes de tener "actitudes implícitas" que podrían ser exactamente lo opuesto a lo que la persona afirma en relación con sus puntos de vista "explícitos", sus estereotipos sobre sexo y su autoestima. También se descubrió, mediante pruebas psicológicas, que estos prejuicios latentes aparecen con más fuerza entre personas de raza blanca y asiática que entre personas de raza negra, lo que podría ser perturbador, en especial para quienes consideran estar libres de prejuicios.

Las investigaciones revelan que los ingredientes básicos para las relaciones humanas eficaces se pueden clasificar bajo dos títulos principales:

a) La genuina bondad inherente en el carácter de la persona, y

b) Empatía y sensibilidad ante las necesidades de otros, independientemente de los prejuicios personales y los estereotipos.

Mira si estas características se reflejan en tu persona, evaluándote en cuanto a las siguientes tendencias:

Crees en los siguientes principios y actúas de acuerdo a ellos la mayor parte del tiempo:

P. 1. Todas las relaciones son relaciones de confianza, por ejemplo, las relaciones entre el jefe y el empleado, entre padres e hijos, entre marido y mujer, entre profesores y estudiantes. (Sí/No)

P. 2. La confiabilidad y el compromiso son esenciales para tener negociaciones exitosas. (Sí/No)

P. 3. Nuestros pensamientos, acciones o comportamiento tarde o temprano regresan a nosotros en la misma forma en que los entregamos a otros. (Sí/No)

P. 4. El respeto a nosotros mismos y el tratar a otros con una actitud comprensiva es un factor obligatorio en los tratos humanos eficaces. (Sí/No)

P. 5. La mentalidad de "si yo no puedo, nadie puede", que se basa en los celos y humilla a otras personas, degrada a quienes la tienen y a las relaciones interpersonales. (Sí/No)

P. 6. El egocentrismo y la actitud de "yo lo sé todo" daña las relaciones interpersonales. (Sí/No)

P. 7. Nuestras palabras y nuestras acciones siempre deben estar en armonía. (Sí/No)

P. 8. Elije tus palabras con cuidado antes de hablar. (Sí/No)

P. 9. Saber escuchar es más importante que hablar en forma imprevisible. (Sí/No)

P. 10. En tus tratos personales, haz que otros sientan que se les aprecia, que son importantes, que te interesan como personas y que tienen inspiración. (Sí/No)

P. 11. Es importante escuchar los sentimientos de otros y no sólo a sus palabras. (Sí/No)

P. 12. Evita las críticas negativas de otros. (Sí/No)

P. 13. Practica la cortesía diariamente con todos sin excepción y no dudes en expresar aprecio con honestidad y sinceridad cuando alguien lo merece. (Sí/No)

P. 14. Acepta tus errores de inmediato y con cortesía. (Sí/No)

P. 15. Evita los chismes y no esparzas rumores. (Sí/No)

P. 16. Procura opinar, no discutir. (Sí/No)

P. 17. Siempre perdona y olvida. (Sí/No)

Anótate un punto por cada respuesta afirmativa.

Interpretación

De 13 a 17 puntos: Eres un(a) excelente negociador(a) y estás dispuesto(a) a saber sobre otras personas en un esfuerzo por comprenderlas, confiar en ellas y abrirte hacia ellas sin prejuicios. Ante todo ves el aspecto positivo de las cosas y tratas de interactuar con otros con espontaneidad. Tu personalidad empática y la bondad de tu corazón atraen a todos y hacen que te ofrezcan su cooperación y su amistad.

De 8 a 12 puntos: Tu manera de ser agradable y tu comportamiento cálido te dan la habilidad de tratar a las personas con bastante eficacia. Crees en tratar a la gente con justicia y con apertura mental, lo que te gana su buena voluntad y su amistad.

De 1 a 7 puntos: A menudo no puedes desprenderte de las cosas y tienes que enfrentarte a los problemas de la gente. Te es difícil derribar los rígidos límites de tus propias normas y así tener una conducta apropiada. Al parecer sufres a causa de bloqueos internos de la psique que te impiden interactuar con suavidad y espontaneidad. Debes recordar que es difícil alcanzar el éxito sin la cooperación amistosa de otras personas. Desarrolla una personalidad agradable, flexible y adaptable. Cultiva la empatía, la confianza y la sensibilidad hacia otros tomando la decisión de ser compasivo(a) y tolerante hacia ellos y ganarte su confianza y su cooperación.

52. Tu personalidad ocupacional

¿No te has preguntado por qué es mucho más fácil negociar con algunas personas que con otras? Además, ciertas ocupaciones se adaptan mejor que otras a ciertos tipos de personalidad Esto ocurre porque todos tenemos diferentes aptitudes para llevar a cabo ciertas tareas de acuerdo con al tipo predominante de nuestra personalidad. Quienes no comparten las características de nuestra personalidad ven las cosas de diferente manera, lo que hace que tengamos que trabajar más para transmitirles un mensaje. La diferencia de aptitudes hace que tengas un desempeño bueno o malo en tu profesión, lo que afecta vitalmente las situaciones de tu vida. Las investigaciones psicológicas revelan que la satisfacción en la vida tiene una relación significativa con la satisfacción en el trabajo. Por lo tanto, la elección de tu ocupación tiene mucho que ver con tu calidad de vida. Para disfrutar una vida positiva hay que elegir con sensatez un trabajo que sea compatible con las características de tu personalidad. Las siguientes preguntas te ayudarán a descubrir tu tipo de personalidad, y también las de tus amigos, y las ocupaciones más compatibles para cada tipo de personalidad.

Identifica el tipo de personalidad en cada uno de los casos siguientes y menciona al menos cuatro ocupaciones compatibles para cada tipo.

Caso A

Priyanka piensa más productivamente cuando está sola, se llena de energía cuando está en su oficina con la puerta cerrada. Sólo le agradan las reuniones cortas. Reflexiona durante un rato antes de hablar. Prefiere las comunicaciones por correo que las comunicaciones en persona.

Caso B

Deepika piensa mejor en foros en los que puede compartir sus ideas con otros. Se llena de energía en las reuniones que se hacen en el comedor y a las que asisten muchas personas. Cuando está sola se siente sin fuerzas. Tiene el don de charlar y el extraño artificio de convencer a otros mediante la comunicación interpersonal.

Caso C

A Arun le gustan los detalles y busca posibilidades y propuestas prácticas. Quiere concentrarse en las implicaciones actuales de un problema y no en las implicaciones futuras. Prefiere pensar que es pragmático.

Caso D

Sanjay prefiere una visión general de las cosas y no los detalles. Describe las cosas conceptualmente, sin tomar en cuenta sus detalles. En la toma de decisiones busca posibilidades futuras no posibilidades actuales. Prefiere pensar que es un soñador.

Caso E

Rahul prefiere días llenos de trabajo y no días de estudio asiduo. Planifica sus compras. Cumple con las fechas de entrega. Tiene seguridad en sus juicios. Tiene un sentido concreto del tiempo. Siempre es puntual. Si llega a una bifurcación en el camino estando en un bosque, optaría por el camino por el que viaja más gente.

Caso F

Sahil tiene una tendencia natural a tomar el camino menos frecuentado. Hace compras sin planificarlas. Dedica suficiente tiempo al trabajo para poder buscar la perfección y permite que las fechas límite se venzan. Tiene un sentido general del tiempo. A menudo llega tarde.

Clave para sacar el puntaje

Caso	Personalidad	Tipos de ocupaciones compatibles
A. Priyanka	Introvertida	Psiquiatra, investigador, ingeniero, programador
B. Deepika	Extrovertida	Abogado, Experto en mercadotecnia, político, Recepcionista
C. Arun	Tipo sensitivo	Ejecutivo, gerente, banquero, profesor
D. Sanjay	Tipo intuitivo	Periodista, psicólogo, profesor, artista, trabajador social
E. Rahu	Tipo que juzga	Juez, dentista, medico, gerente
F. Sahil	Tipo perceptivo	Editor, escritor y animador, psicólogo, periodista

53. ¿Celebras la vida?

Dicen que "La vida está en el vivir". Todos recibimos el don de la vida, pero son muy pocos los que conocen el arte de vivir la vida al máximo. Ciertas personas tienen la destreza de tener éxito en la vida y pueden divertirse mucho con los pequeños gozos que la vida ofrece y que otros a menudo pasan por alto. Para algunas personas es natural y espontáneo celebrar los momentos únicos de la vida y no creen en esperar a que lleguen los "grandes sucesos" de su vida para ser felices. ¿Eres como ellas? Bueno, responde a las siguientes preguntas con honestidad para ver si eres como ellas.

A menudo te inclinas a...

P. 1. ¿Tararear o cantar una nueva canción que escuchaste?

P. 2. ¿Comprar flores por el gozo de tenerlas cerca?

P. 3. ¿Te es fácil sentarte cómodamente y reírte a carcajadas?

P. 4. ¿Darte el gusto de disfrutar tus cosas favoritas?

P. 5. ¿Poner a prueba recetas de cocina nuevas para complacer a tu familia los fines de semana?

P. 6. ¿Vivir la vida un día a la vez, experimentando cada momento como algo nuevo?

P. 7. ¿Disfrutas los viajes a nuevos lugares y te gusta conocer gente nueva?

P. 8. ¿Te gusta hacer planes para celebrar ocasiones especiales como cumpleaños y aniversarios con un toque especial?

P. 9. ¿Sientes que se eleva tu espíritu cuando llegan las primeras lluvias, cuando la brisa es fresca, cuando se abren las primeras flores en primavera?

P. 10. ¿Participas activamente en la celebración de festivales y carnavales?

P. 11. ¿Esperas con ansia pasar unas vacaciones en una zona turística en las montañas?

P. 12. ¿Disfrutas yendo al cine, al teatro, a paseos y a reuniones con tu círculo cercano de amistades?

P. 13. ¿Tomas algo de tiempo de tus actividades habituales para disfrutar de tu pasatiempo favorito?

P. 14. ¿Piensas con optimismo sobre las riquezas y los aspectos positivos de tu vida y sientes agradecimiento hacia Dios por haberte dado estos dones inapreciables?

Cuenta un punto por cada respuesta afirmativa.

Interpretación

8 puntos o más. Parece que las cosas pequeñas de la vida te producen gran felicidad. Puedes transformar el suceso más insignificante en toda una celebración. Recibes la vida en todas sus formas con agrado y rara vez te parece aburrida o sosa. Tu actitud es un don que hace de ti una persona positiva, que es capaz de cambiar a otros con una brillante sonrisa. Tienes el don de ser feliz y de tomar la vida a su paso con alegría.

7 puntos o menos. Parece que a partir de cierta fecha empezaste a tomar la vida demasiado en serio y has olvidado el aroma de las cosas de la vida. Tiendes a atemorizarte ante el futuro y a aburrirte con el presente. Al parecer todo parece caer en la rutina de una vida superficial, pues no te esfuerzas por darte una oportunidad. Ya ha llegado la hora en que descubras el rico tesoro de las pequeñas alegrías de la vida para vivir tu presente con mayor plenitud.